与福建教育学院邹开煌教授（右）合影

参与广东省王栋昌名师工作室开班仪式

担任光明区综合实践比赛评委

与全国劳模、特级教师郑捷（右）合影

参加深圳市综合实践说课比赛获特等奖并与选手合影留念

受邀到松岗二小开展教学交流活动

给广东省王栋昌名师工作室做公开课展示

参加王栋昌工作室活动，给省小学数学骨干教师上示范课

受邀请给光明区勤城达学校教师做岗前培训

受邀请到惠州龙门县给全县小学数学教师做培训

受邀请给宝安区海旺学校教师做赛前辅导

受邀请给广州市多个小学数学名师工作室教师做培训

丘燕飞 主编

传承·创新·发展

小先生制，
让教育更和谐

九州出版社
JIUZHOUPRESS

图书在版编目（CIP）数据

传承·创新·发展：小先生制，让教育更和谐 / 丘
燕飞主编. —北京：九州出版社，2021.5

ISBN 978-7-5225-0095-9

Ⅰ.①传…　Ⅱ.①丘…　Ⅲ.①小学教育－教育研究
Ⅳ.①G622.0

中国版本图书馆CIP数据核字（2021）第103812号

传承·创新·发展：小先生制，让教育更和谐

作　　者	丘燕飞　主编
责任编辑	陈春玲
出版发行	九州出版社
地　　址	北京市西城区阜外大街甲35号（100037）
发行电话	（010）68992190/3/5/6
网　　址	www.jiuzhoupress.com
印　　刷	天津中印联印务有限公司
开　　本	710毫米×1000毫米　16开
印　　张	13.25
字　　数	180千字
版　　次	2021年5月第1版
印　　次	2021年5月第1次印刷
书　　号	ISBN 978-7-5225-0095-9
定　　价	49.00元

编委会

主　编：丘燕飞

编　委：（排名不分先后）

　　　　王雨晴　杨柳娇　吴宛玲　管婷婷　赵晚娥

　　　　李思惠　卢淑芬　罗　文　赵兆炯　方小仪

　　　　倪淑娴　肖珍珍　江晓燕　张小莉　田　娟

　　　　熊　洁　晏仁瑞　周维珍　宋秀梅　梁琼文

序　言

教育需要传承和坚守

薛森强

　　丘燕飞老师的"小先生制"教学模式在我校实践两年多，他带领多学科教师同时参与教学实验，教学效果良好，对我校的学生综合素养有明显提升作用。该教学模式亦可帮助青年教师快速成长。

　　"小先生制"是陶行知首创，"小先生制"就是"兵教兵"，发挥班级中学生的主动性，采用优教差、中等生互学、自己教自己等形式，充分发挥学生学习的积极性和自律性。同时配合一套与"小先生制"相对应的教学常规，例如学生听课常规、作业常规、学生讲课流程、家庭作业"转A"常规、学生上课自评制度、评价表彰制度等，让学生对丘老师的数学课充满期待。

　　尤其是丘燕飞老师经过20多年的实践研究，掌握了"小先生制"教学方法的精髓，并从教学层面提升到育人层面，充分挖掘出"小先生制"的育人价值。学生因为建立师徒关系，每个孩子都可以成为小老师，让学生个体身心健康，生生关系和谐。课堂上，学生成了教师，教师角色转变为学生中的一员，淡化教师高高在上的地位，学生和教师建立起亦师亦友的关系，师生关系变得和美。同时学生通过"教"，自身对知识的理解更深了，在高效轻松的氛围中学会了知识，掌握的知识更牢固。

　　一种教学方法的优劣在于它能否激发师生的积极性，并取得良好的教学效果。好的教学方法需要教师不断优化，长期坚持，建立适合自己的教学范式。丘燕飞老师坚持实践20多年的"小先生制",在不同的教学班级教出了突出的成绩。他本人深受学生喜欢、家长赞誉、同事认可。"小先生制"从模糊到成熟,再到创新发展,离不开丘燕飞老师对教育的热爱和坚守。

教育需要传承,更需要坚守。因为传承和坚守是教育不断发展进步的源泉!

（薛森强,广东省特级教师、正高级教师,

现为深圳市光明区马山头学校校长、党支部书记）

目　录

第一辑

"小先生制"与和谐课堂理论研究

重拾"小先生制"教学智慧的实践研究

丘燕飞

"小先生制"是基于班级教学质量落后而实施的一种教学方式，实现三大功能整合：教学功能即知即传，兵教兵，兵练兵；管理功能即觉即管，自我管理，相互管理；教育功能即悟即理，互相提升、和谐发展。经过长达22年的实践，结合我校的教育现状、学生心理及思维发展的特点，形成了一种生态、高效的教学方式，构建了一种学习成长共同体的和谐关系，并取得良好的教育教学效果，从而实现教学方式和学习方式的转变。

一、新课程理念下的课堂教学

义务教育质量事关亿万少年儿童健康成长，事关国家发展，事关民族未来。为深入贯彻党的十九大精神和全国教育大会部署，加快推进教育现代化，建设教育强国，办好人民满意的教育，2019年6月23日中共中央国务院就深化教育教学改革、全面提高义务教育质量提出意见，其中包括强化课堂主阵地作用，切实提高课堂教学质量，优化教学方式。坚持教学相长，注重启发式、互动式、探究式教学，教师课前要指导学生做好预习，课上要讲清重点难点、知识体系，引导学生主动思考、积极提问、自主探究。融合运用传统与现代技术手段，重视情境教学；探索基于学科的课程综合化教学，开展研究型、项目化、合作式学习。精准分析学情，重视差异化教学和个别化指导。

二、开展"小先生制"教学模式研究的背景

我工作至今多次被临时安排教成绩落后的特殊班级，从而有机会深入

思考特殊班级成绩落后现象的原因。经过多年实践研究，形成了一种生态、高效的教学方式，构建了一种学习成长共同体的和谐关系，并取得了良好的教育教学效果。

（一）对学困生的思考

你做过学困生吗？他们最需要的是什么？他们需要的是别人真诚的表扬。哪个学困生不想把书读好，不想得到老师的表扬呢？班级中最痛苦的是他们，因为上课听不懂的是他们，受到同学嘲笑的是他们，受到批评最多的还是他们。《读者》杂志有一篇关于弱势群体的文章中写道："当社会的弱者都觉得自己幸福时，社会就和谐了。"当学困生都觉得学习是有意思的事情时，整个班级就和谐了。学困生就是还没开窍的优生，只要找到适合自己的学习方式，成绩会逐渐提高。

（二）对当下教学模式的思考

传统的教学是教师讲、学生听。教师是主角，学生很多时候是被动学习。这种教学方式容易造成学生对学习内容缺乏思考，成为没有主见的个体。这样的学生很难适应知识更新的时代，更谈不上学习能力的可持续发展。学困生的数量无形中影响着授课教师的工作量及职业幸福感。

三、特殊班级形成的原因

（一）教学方面

特殊班级的主要问题包括：课堂教学重灌输轻自主、教学研究重教轻学、课堂模式以单项灌输为主等。讲练结合的课堂直接指向应试，学生成为知识的被动接受者，教师不关注激发学生学习的兴趣和好奇心，学生因此缺乏自主发现和自主构建的深度学习，学习方式被动。久而久之，还容易炮制出一大批的学困生和问题学生。

（二）教师方面

多数教师的研究重心放在"如何教"上，很少研究"如何学"，课堂一讲到底，课外加班加点辅导。大部分教师认定拼时间、拼课后练习量才能提升质量。当前，部分教师因长期高负荷工作而产生了职业倦怠感。

（三）家长方面

很多家长工作繁忙且教育能力不足，一旦孩子成绩不佳，只能发脾气、干着急。这种情况会严重打击孩子的自信心，并影响家庭氛围。

四、在特殊班级实施"小先生制"教学的构思

综上，我认为，重拾"小先生制"课堂教育智慧，整合教学、管理、教育这三大功能，有助于改变特殊班级的这种困局。教学功能即知即传，兵教兵，兵练兵；管理功能即觉即管，自我管理，相互管理；教育功能即悟即理，互相提升、和谐发展。[①]我们传承与发展了陶行知的"小先生制"，经过长达22年的实践研究，形成了一种生态、高效的教学方式，构建了一种学习成长共同体的和谐关系，并取得良好的教育教学效果。

（一）"小先生制"课堂教学流程

"小先生制"的课堂教学主体是学生，学习是学生自己的事。"小先生制"将讲台变成孩子的舞台、课桌变成讲桌、本子变成黑板、学生变成"先生"，构建了一种稳定的教与学流程。

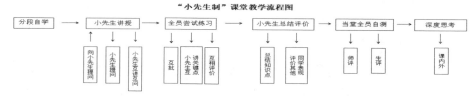

"小先生制"课堂教学流程图

我们通过课堂教学实践，形成"小先生制"的一整套流程，以便教师参考教学。"小先生制"模式较为有效地培养了学生的创新精神和实践能力，培养出德智体美全面发展的社会主义建设者和接班人。

---

① 李明尚.小先生制，让课堂更高效[M].北京：教育科学出版社，2013.

（二）构建学习成长共同体的和谐关系

在教学活动中，教师的教和学生的学应该是一体的，教师的教最终是为了学生更好地学习，因此要调动一切有利因素来有效促进学生的学，其中民主、平等的师生关系是非常重要的。传统教学模式既不利于学生主体地位的发挥，也容易出现教师的教和学生的学之间的相互脱节。学生是课堂教学的主体，教师应该多鼓励学生参与，让学生大胆发言，表达自己的观点和认识。这样既能够调动学生的热情，还能够使教师更了解学情。这样民主、平等的课堂才有利于促进学生更好地投入到学习中。

教育学就是关系学，关系理顺，成绩自然提升。正所谓："亲其师、信其道。"在"小先生制"模式中，同学关系变成师徒关系，师生关系变成朋友关系，亲子关系变成伙伴关系。在民主、和谐、积极的氛围中，学生学习效率高、成绩好、心情棒。"小先生制"教育智慧通过提升学生成绩，间接促进了社会的和谐；"小先生制"模式构建了一种学生、教师、家长之间的和谐关系，实现了立德树人的教育目标。

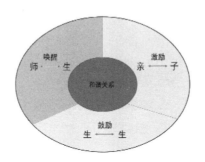

"小先生制"课堂教学中形成的和谐关系

（三）上课的规则

俗话说："无规矩不成方圆。"良好的课堂教学氛围需要规矩保证，课堂常规能促进学生积极主动学习，实现教学相长。"小先生制"课堂教学需要一定规矩，并在开学第一周每天上课前诵读上课要求：

上课举手发言是思考的标志；

倾听是重要的学习方式，也是尊重他人的表现；

学习是会出错的，变错为对就是真正的学习；

自己也能讲课了，才是真正的学懂；

听课、作业需要安静思考。

（四）评价制度

小学生的自我约束力不强，需要外在激励和约束。实践中，我曾用过小组长评价，也用过自我评价，有时是两者结合起来，并配合奖励制度，以此促进学生学习的专注度，提高学生参与的深度。

数学学习自评表

马山头学校五（2）班（ ）学生数学学习自评表											
项目 星期	听 课			作业书写			每日一问			每日计算		
	认真	比较认真	不认真	认真	比较认真	不认真	问3题	问1题	没问	认真完成	不认真	没 做
星期一												
星期二												
星期三												
星期四												
星期五												

五、"小先生制"新特点

（一）"小先生制"实践研究有了新内涵

实现了"小先生制"三大功能的融合，形成了学习规律：学了，一定要传；学习是学生自己的事；教是为了不教，管是为了不管。

（二）"小先生制"实践研究有了新方法

陶行知先生开展的"小先生制"受时代及经费限制，信息传播速度慢。而随着时代发展，研究的手段、方法更加科学，现在可以利用手机记录课堂，用微课记录知识难点，用存盘存储资料，用自媒体传播思想，方便快捷。例如在母亲节前每个孩子录制一段感恩的话作为家长会的内容，极大地缓解了亲子关系，在班级群中每天安排"小先生"播报新闻，这种研究方法是全新而又时尚的。

我将魔术元素融入教学中，提高课堂教学的趣味性和神秘感，课间与学生一起玩魔术，促进生生、师生交流，增进了生生、师生关系。

在难点课型中制作导学单，让学生课前思考，课中交流，极大地提高了"小先生制"交流的深度。

在班级建立表彰制度，既表彰"小先生"，又表彰"小先生"的父母，提高了亲子自主参与教学的热情。

（三）"小先生制"实践研究有了新高度

教育要为未知而教，为未来而教，才能实现一个人的全面发展。"小先生制"促进了学生们相互交流、辩论，培养了学生作为现代公民的整体素质。

学生们自学、自悟、自评、自辨，实现了从知识、能力、情感的全方位融通，发展了高阶思维能力。

"小先生制"构建了一个学习成长共同体的和谐人际关系，教师、学生、家长目标一致，方向一致，三者相互支撑、相互成就，成为教育的促进者、合作者。

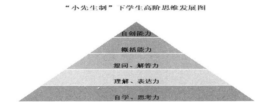

"小先生制"模式下学生高阶思维发展图

六、开展"小先生制"模式所取得的初步成效

"小先生制"解决了学生缺乏主动性、潜力不足及缺乏思考力、表达力的问题；解决了教师因长期超负荷工作而压力大、产生职业倦怠、找不到职业幸福感的问题；解决了因孩子成绩不佳导致的家庭矛盾问题。

（一）从被动学习向主动学习的转变

德国教育家第斯多惠认为："教学的艺术不在于传授本领，而在善于激励唤醒和鼓舞。"在实践这三个层面，许多教育人做出了积极的尝试和探索，"小先生制"是实现学生从被动学习向主动学习的一种有效方式。

（二）从数量增加向质量提升的转变

我读小学的时候，能被老师选为小老师带读是件很荣幸的事情。自己成为老师后，也希望所有的孩子都能做小老师。只有大家好才是真的好，大家都学懂了，才是真的懂，让全员开口讲，这样的课堂才能成为一群人的"狂欢"。

（三）从独享智慧到共享课堂智慧的转变

教育的终极目标是要立德树人，"独享经济做不大，共享经济更繁荣"。课堂教学中，学知识是为了长智慧，一个人的智慧是有限的，每个孩子都分享自己的智慧，就构成班级的大智慧。这是时代发展的需要，更是一个团队成长的需要。生生互学的"小先生制"，让智慧从独享走向共享，让封闭的课堂走向开放。

（四）从单一知识传授向深度学习的转变

核心素养就是实现一个人的全面发展，落实到一门学科就是通过关键能力和必备品格来实现。单一传授课堂很难实现学校核心素养的实现，只有过学生自学，同桌交流，自己去感悟、自我评价，同伴激励，才能实现知识的内化，实现从知识、能力、情感的全方位融通，实现深度学习。

七、结语

重拾就意味坚守与传承，只有坚守才能传承经典教育智慧，因为传承才赋予它时代的新内涵，经典教育智慧就成了一种文化。所谓："教无定法，贵在得法。"一种教学方法的优与劣，关键在于教师对它的理解和运用的程度。在小学低、中、高阶段实施"小先生制"的程度取决于教师的认识和坚持。班级管理制度是实现"小先生制"的基础，课堂要求学生"行止有章"，才能实现学生"思想无疆"。如何通过"小先生制"课堂实现高阶思维能力，全面落实学科关键能力和必备品格，在教学中全面实现立德树人目标，我们还需继续潜心研究。

此相遇非彼相遇

——一道期末练习题引发的思考

丘燕飞

在五年上学期期末复习中，数学期末模拟卷上出现了一道五年下册的相遇问题题目。

深圳和长沙相距约800千米，一列快车从深圳开往长沙，速度是100千米/时，一列慢车从长沙开往深圳，速度是60千米/时。两列火车同时相对开出，经过几个小时两车相遇？相遇时列车距离深圳多远？

学生的错误解法如下：

100的倍数：100、200、300、400、500、600、700……

60的倍数：60、120、180、240、300、360……

$300 \div 60 = 5$（小时） $5 \times 100 = 500$（千米）

答：经过5小时两车相遇，相遇时列车距离深圳500千米。

这种错误解法出乎我的预料，百思不得其解，回来翻开教材，查找原因。原来是相遇问题在北师大版五年下册中才学，学生还没系统学过此类问题，但在上册《分数的意义》单元中出现过一道题，题目中也有"相遇"两字，受到思维定式影响，学生就把相遇问题当作求两速度的最小公倍数来解答，从而导致以上错误。此相遇非彼相遇，如果不加强学习，深入分析，学生学习相遇问题后，还会出现同样的错误。许多数学问题都有相似之处，但本质各不相同，例如这两种含有"相遇"字眼的问题。为了在今后避免此类问题再发生，我采用了以下教学策略。

一、趁热打铁学相遇

学然后知不足，教然后知困。在学生出现错误时进行教学可以收到良好的教学效果。为此，我把五年级下册的相遇问题用了一节课进行了教学，学生学习效果很好，很快明白了相遇问题的等量关系，顺利解决了相遇问题的实际问题。教学中，教师是课程的二度开发者，可以根据实际情况适当调整教学内容和进度，提升教材的系统性，以学为本，既要减轻学生的负担，又要提升知识的系统性。

二、变化情景求融通

为了让学生学会在具体情景中具体分析，学会灵活运用两种数量关系解决问题，实现学以致用的目的，体现在做中学，学中悟，在做中发展学生思维的终极目标，我专门编写出系列对比题目让学生尝试练习，以发展学生的数学思维能力和解决实际问题的能力。

例题1：学校距离小明家3000米，小明到校后发现数学课本忘在家中，为了最快拿到数学书，他和妈妈约好同时出发，小明从学校出发以每分钟100米的速度往家方向走，妈妈以每分钟150米速度往学校走，她们几分钟能相遇？

例题2：小明和妹妹在相距500米的学校上学，她们同时放学回家向同一方向往家的方向走，小明每分钟走150米，妹妹每分钟走100米，小明几分钟可以追上妹妹？

例题3：小明一家在学校运动场跑道上锻炼身体，爸爸跑一圈要2分钟，妈妈跑一圈要4分钟，他们同时从同一起点出发，向同一方向跑，几分钟后他们第一次相遇？

例题4：小明一家在学校400米跑道上锻炼身体，爸爸每分钟走150米，小明每分钟走100米，他们同时从同一起点出发，向相反方向走，几分钟后他们第一次相遇？

对比是重要的教学策略，学生在解决对比问题时，学会了区分两类题目的异同点，提高了辨析能力。

三、刨根问底找差异

为了彻底辨别两类问题的差异，我在对比教学的基础上通过情景、条件、问题、解法、变式等对比，让学生充分理解了这两类含有"相遇"字样的问题。

两类问题对比表

区别＼类别	相遇问题	求最小公倍数问题
情景相同点	都是两个人（物）相遇	都是两个人（物）相遇
情景的不同点	直线上相遇	环形上相遇
条件相同点	两个人（物）运动，同时出发	两个人（物）运动，同时出发
条件不同点	相对而行（反方向）	相向而行（同方向）
问题相同点	求相遇时间	求相遇时间
问题不同点	多长时间相遇	多长时间第一次相遇
变式相同点	同在一条环形路成立	同在一条环形路成立
变式不同点	同时出发，在一条直线上成立	同时出发，在一条直线上不成立
解法不同点	相遇路程 ÷ 速度和 = 相遇时间	求速度的最小公倍数 追击路程 ÷ 速度差 = 追击时间
问题转化不同点	相遇问题	追击问题

在对比中发现，这两类是小学数学的经典题目，一类是相遇问题，一类是追击问题。相遇问题的基本等量关系是：相遇路程÷速度和=相遇时间；而追击问题的基本等量关系是：追击路程÷速度差=追击时间。但在五年级上册学生没有学习分数除法计算法则，因此，在北师大版五年级上册87页12题采用求两个速度的最小公倍数来解答。

四、自我编题辨真伪

陆游云："纸上得来终觉浅，绝知此事要躬行。"提出问题比解决问题更加重要。为了发挥学生的积极自主性，我安排学生自己编一道相遇问题和追击问题给同伴解答，并帮同伴批改。通过自己编题、互相解题、互相批改的方式，提高学生的审题能力、辨别能力、解题能力，达到提高学生深度学习的目的。

五、成语接龙助拓展

为了突破学科界限，促进学科融合，在教学追击和相遇问题后，布置课后作业，让学生找出与追击和相遇问题接近的成语。我也把该题目分享在自己的微信朋友圈，许多朋友和学生家长纷纷点赞、贡献了自己的智慧。学生列出了和追击问题意思相近的成语：一厢情愿、乘胜追击、锲而不舍、永不言败、穷追猛打、后发制人、你追我赶、奋起直追、前赴后继、相见恨晚、争先恐后、不期而遇等。学生也列出了和相遇问题意思相近的成语：情深义重、情投意合、气味相投、心心相印、心有灵犀一点通、同舟共济、如胶似漆、同气相求、一拍即合、息息相通、同心合意、同类相求、两情相悦等。

教学如同一次旅行，既有预设的路线要走，旅途又会有一些精彩的小插曲。预设的路线让我们一览沿途风景，一些小插曲让经历更丰满，是另一种别有洞天的"人文风景"，更值得回味。正是有了这次"偶遇"，让学生明白此相遇非彼相遇，也衷心希望学生的求学路上能在下个路口再"相遇"，遇见更好的自己！

回归教学本质 关注师生发展

——广东省王栋昌工作室赴江苏省王九红工作室
参访学习活动体会

丘燕飞

教育需要回归，回归师生的发展，回归学校文化的打造与沉淀。之所以百年教育要看江苏，正是因为江苏教育有前人开路：大教育家陶行知在江苏小庄学校实验生活教育，张謇在江苏创办职业教育与师范教育……不仅有一大批教育家在江苏这片沃土上精心耕耘，更有后来者前赴后继地投身在教育实践一线，江苏南京天正小学校长王九红就是其中一位杰出的代表。两天的学习课程紧张而充实，三节同课异构——《解决问题的策略》，两节数学文化课，三场讲座，从数学科组长张曼《从怎么教到教什么》到王九红校长的《同科异构的价值》《适合教育主张》，一节节精心安排的课让我重新审视教育。教育该如何？教育该回归它的本源。

一、回归简约的课堂

简约教学既是一种教学思想，又是一种教学策略。它的本质就是要去伪存真，从有趣的情景中快速提炼出简要核心的数学问题。其中渗透着数学知识、数学思想、数学方法及数学文化。教师引导学生多角度思考寻求最优方案，提高学生抽象思维能力，培养学生数学建模意识，形成开放的解决问题策略。聚焦核心，发散思维，提升学生数学核心素养。

（一）教学设计简约化

设计简约的目的在于用活用透数学信息。教学设计简约有效保证了教学环节时间的充足，使教学内容更深入，知识达成更到位。王九红校长的

《解决问题的策略》一课中仅设计了4道题：

例题1：小猴妈妈们摘桃子，第一天摘了30个，以后每天都比前一天多摘5个，问第三天摘了几个桃子？第五天摘了几个桃子？完成书本基础练习。

例题2：一个皮球从16米高的大树上落下，如果每次弹起的高度总是它下落高度的一半，第三次弹起多少米？

综合练习：根据以下条件你能解决什么问题？

科技社团有5个班；科技社团每个班级有12人；数学社团人数是科技的一半；舞蹈团人数比科技少16人；科技社团共有33名女生。

前两道例题旨在解决应用问题，而综合练习充分发散学生数学思维，让学生在生活情境中体会数学的应用价值。教学环节简单，意味着分配在每个环节的时间变得充裕，这就给学生留下了充分思考的空间。当然，教学在保证因材施教的同时，也要考虑每位学生接受新知识的能力强弱，有时需要等等那些落后的心灵，才能让学生更深入地学习。

（二）教学课件简单化

在以往公开课的比拼中，精美、动态化的教学课件是标配，而一线教师对此倍感压力，时常望"课"生畏。我在南京的学习活动中发现，好几位教师的公开课课件设计十分简单，乍一看都没有拷贝课件的欲望。教学课件是为教学服务，包装华丽却忽略了教学本质实为不妥，教师不如把更多的时间用来考虑"教什么""怎么教"上，回归教学工作常态，把时间花在教学本身。

（三）教学效果高效化

经过对三位教师《解决问题的策略》的同课异构进行教学效果测试，可以发现王九红校长与其他两位教师的均分有较大的差距。可谓是"大师来讲，非同凡响"。在短短的40分钟产生如此大的教学效果足以说明"回归课堂教育本质，提高课堂效率"不是一句空话。

	均分	100分	99—90分	89—60分	60以下	第一题失分	第二题失分	第三题失分	第四题失分	第五题失分
三4班 马学婷	68.4	3	6	28	12	7	13	22	42	22
三1班 周游	69.6	0	8	28	12	5	22	14	47	24
三2班 王九红	80	5	19	20	3	1	13	16	37	10

《解决问题的策略》教学效果测试表

二、回归深度的教学

（一）关键点的达成有梯度

所谓数学核心素养，是指通过数学学习而逐步形成的具有数学特征的关键能力、必备品格与价值观念。每节课都有一个教学重点，而突破重点需要时间，让学生学得实，学得活。例如王九红校长在《解决问题策略》一课中，对关键问题"以后每天比前一天多摘5个"教学就相当精彩。他采用数形结合的方式，鼓励学生多角度思考，让学生从低到中再到高多层级理解关键句。使学生的思维循序渐进发展，在关键点的达成上有梯度。

王九红《解决问题策略》板书

（二）情感的支撑有温度

一位优秀教师必然是一位情感激励大师。王老师的教育就是唤醒和激励。他曾在课前谈话时问学生："今天是周末，本来该在家休息，说实话，你心里怎么想？"让学生反思自己的行为，激励学生学习。他开设主题班会"今天老师最应该给谁鞠躬"，让学生自由发挥、各抒己见。即使学生说出一个出人意料的答案，王老师也会给学生鼓掌，并告诉其他学生鼓掌的理由。在临近下课时，他提问学生今天学习的收获，有学生说"今天的学习比在家玩更有意思"。同学真实的反馈是对王老师课最好的评价，王老师温暖又充满激励导向的话语无时无刻不在激励着孩子的成长。

（三）文化的落实有力度

数学文化在许多课堂上涉及甚微，犹如蜻蜓点水。天正小学的课堂却是由数学文化打造的，本次公开课所呈现的两节数学文化课《扑克魔术》和《折纸》以及《从怎么教到教什么》讲座都向听课者展示了这所学校在培养学生数学素养上迈出的坚实一步。文以化人，文以载道，只有文化才能引领每个人，乃至一所学校迈向更高的平台。

三、回归适合的教育

（一）行为有章打基础

我在学习中明显感受到天正小学的孩子在课堂学习上很有规矩，这规矩的背后是天正小学"行为有章，思想无疆"的校训。他们的校训不是仅停留在口头，而是落实在每个孩子的行为中，渗透到每个孩子的血液里。学生课堂行为有规矩，才能让教学真正开展，才能在大班级教学中实现高效教学，弯道超车。

（二）思想无疆寻突破

思想无疆是鼓励学生在课堂中动脑思考，解放学生大脑，培养学生求异思维、创新思维与无限思维的做法。无论是对于一个人还是一个国家而言，挖掘思维深度都具有现实意义。

学习虽结束，思想无止境。教学本质要回归，回归到"怎么教"和"教什么"。教师唯有从繁重的日常工作中解放出来，回归教育本职，才能做到教学相长。

基于核心素养思想指导的课堂观课思考

——以北师大版五年下册《分数乘法一》为例

丘燕飞

小学数学课堂落实核心素养，需要教师有聚焦关键能力的思维，有落实每个关键能力的措施，培养学生形成学科必备品格的态度，需要进行课堂教学的微变革，为学生形成适应个人终身发展和社会发展需要的必备品格和关键能力。

小学数学的核心素养讨论不断，但还是形成一些基本的共识。林崇德教授指出：核心素养是学生在接受相应学段的教育过程中，逐步形成的适应个人终身发展和社会发展需要的必备品格和关键能力，核心素养是所有学生应具有的最关键、最必要的基础素养。孙晓天教授在《核心素养——推动数学课程深入改革的杠杆》中鲜明地提出了数学课程发展的"底线原则"：数学课程的发展不仅需要方向和愿景，也需要不可或缺的底线，二者缺一不可。

围绕一个视角进行课堂观课，可以快速提高教师的观课水平，为执教者提供更合理有效的改课策略，让观课更聚焦，评价更科学，研讨更深入。梁冬梅老师开展了以北师大版五年级下册《分数乘法一》第一课时"分数乘整数"为内容的研讨课展示活动。这是一节分数乘法的起始课，主要教分数乘整数的意义及分数乘整数的计算法则。基于对学科核心素养的粗浅认识，我尝试从数学教学需要培养学生必备品格和关键能力及教学创新这三个维度进行观课，以此谈个人的一些思考。

一、养成必备品格需积累

数学学习需要积累一定的数学学习品质，才能高效地获取数学知识，在数学的抽象性和小学生思维具体性中间搭建一个平台，而学科特有的学习方法能有效地将两者沟通起来。在《分数乘法一》这节课中，梁老师很注重培养学生勤于思考、乐于实践、善于合作、敢于表达等数学学习品质。

（一）勤于思考

梁老师在讲解两道例题时，都采用了大问题、大空间的教学策略，引导学生思考，着重培养学生勤于思考的数学最基础的品质。

例题1：一个"马"字图案占整张纸的 $\frac{1}{5}$，3个"马"字图案占整张纸的几分之几？要求：你想怎么解决这个问题呢？先想一想，再把你的想法记录在本子上。

例题2：一个"马"字图案占整张纸的 $\frac{2}{9}$，3个"马"字图案占整张纸的几分之几？要求：先列式再计算，把你的计算过程记录在学习单上，然后小组内交流。

学生带着问题思考，使思考有了方向。数学学习如果缺少独立思考，学生将无法获取有效的数学知识。勤于思考、会思考是学生学好数学的基本技能。

（二）乐于实践

数学学习也需要动手实践，在做中学，在做中思，在做中完善自己的想法。比如，学生给出了以下几种解决例题2的方法：

画图法：

加法：$\frac{2}{9} + \frac{2}{9} + \frac{2}{9} + \frac{2}{9} = \frac{8}{9}$

用乘法：$\frac{2}{9} \times 4$

三种做法虽然优劣之外，但都是学生通过亲身实践所得。实践出真知，数学来源于实践，运用于实践。动手实践是学生学习数学的重要方式，也是促进学生数学学习的有效途径。

（三）善于合作

核心素养是学生终身发展和社会发展需要的必备品格和关键能力。一个人智慧有限，需要彼此互补，彼此促进，才能成就个人发展的高度。数学课堂教学也是如此，梁老师这节课在第二个问题解决上，开展了一次深入的合作学习，要求学生先列式再计算，把计算过程记录在学习单上，然后在小组内交流。课堂教学时间有限，把问题设在关键处，合作交流在难点处，这样的合作才能生成新的智慧。这个智慧就是 $\frac{2}{9} \times 4$ 的结果是怎么算出来的，要让学生说得清，道得明，不至于让算理走过场。

（四）敢于表达

小学低年级孩子在数学课堂上表现出积极发言的氛围，随着年龄的增加，课堂上敢于发言的学生越来越少，敢于表达自己真实想法的学生就更少，这似乎是一种不正常的常态。这一现象不改变，学生就会失去学习数学的乐趣，无法体会学习的快乐。而在梁老师课堂上，学生性格率真，积极表达自己独特的想法。例如，在解决第一个问题时，学生说出自己的解法"$1 \div 5 \times 3$"，意思是分数可以写成除法的形式"$1 \div 5=0.2$，$0.2 \times 3=0.6=\frac{3}{5}$"。出现另类答案，梁老师也让学生积极表达想法，认真倾听学生的意见，并及时表扬学生。在课程结束前，梁老师再次让同学们聚焦这种解法的意义，这样既保护了敢于表达想法的学生的积极性，又提升了同学解决问题的高度。

二、达成关键能力有妙招

美国著名数学家波利亚研究表明，仅有1%的学生今后可能会成为专门的数学研究者，29%的学生将来会继续使用数学，70%的学生离开学校后，不会再使用小学以上的数学知识。我们数学课堂应该在达成学生关键基础能力上下功夫，每一节数学课都有关键的能力需要落实，每节数学课堂教学都需要聚焦在最核心、最基础的数学知识落实上。从多角度、多层次、多维度去达成这个关键能力，促进学生对基础知识或形成基本技能掌握，为学生数学发展积累学科最核心的基本能力。

《分数乘法一》需要落实的关键能力就是让学生掌握分数乘整数的计算法则：分母不变，分子乘整数。这个关键能力具有基础性，又具生长性，是学生今后学习分数乘分数法则的基础，在它基础上可以生长出新的知识点。为了达成这个法则，梁老师采用多层次、多角度的教学策略落实该教学关键点。

（一）寻找知识的原点

为了沟通数学与生活的联系，梁老师结合马田小学"奔马"校园文化，改编例题，一个"马"字图案占整张纸的 $\frac{1}{5}$，3个"马"字图案占整张纸的几分之几？这个改编题使得学习内容有生活味，又有数学味，为达成分数乘整数法则学习提供生活原型。

（二）搭建知识的起点

斯苗儿老师在《经典课的改进的视角与实践》中提出：课改要基于对学生学习困难和障碍的研究，成长中的课堂，可以不精彩，但必须有思考。课程改革的深水区就在课堂，课程改革某种程度上就是改课，改课的关键是读懂学生。课堂的精彩属于学生，学生有无进步或发展是课堂教学有没有效益的唯一指标。梁老师这节课依次呈现出了这节课中学生在探索解决例题的基本做法，分别是第一层次的画图理解，第二层次的用加法解决问题，第三层次的分数乘整数。这三个层次的共同点是：结果都表示了3个五分之一是多少。其中画图法是第二、第三种算法的起点，三种算法需要依次呈现，做到数形结合。因为学生智力水平的差异，理解的起点不同，计算法则的突破，为学生们找到了知识的起点。

（三）构建知识的支撑点

"语言是思维的外壳"，数学思维有时可以意会不可言传，思维可以跳跃，思维的过程用语言描述是件难事。为了让学生更好地理解算法，梁老师通过互动交流的方式，结合精心设计的板书，完整地列出算理，为突破算法找到了支撑点。算理板书如下：

$$\frac{1}{5} \times 3 = \frac{1}{5} + \frac{1}{5} + \frac{1}{5} = \frac{1+1+1}{5} = \frac{1 \times 3}{5} = \frac{3}{5}$$

$$\frac{2}{9} \times 4 = \frac{2}{9} + \frac{2}{9} + \frac{2}{9} + \frac{2}{9} = \frac{2+2+2+2}{9} = \frac{2 \times 4}{9} = \frac{8}{9}$$

教育是一门慢的艺术，数学算理教学更是个慢艺术，需要我们放慢教学节奏，一步一步去揭示算理，等等孩子们。

（四）归纳知识的共同点

通过从直观到抽象符号表征，学生顺利地完成一组题练习，学生水到渠成地归纳出计算法则。

$$\frac{3}{7} \times 2 = \frac{(\ )+(\ )}{(\ )} = \frac{(\ )}{(\ )}$$

$$\frac{2}{13} \times 8 = \frac{(\ )+(\ )}{(\ )} = \frac{(\ )}{(\ )}$$

$$\frac{a}{b} \times c = \frac{(\ )+(\ )}{(\ )} = \frac{(\ )}{(\ )} \quad b \neq 0$$

为了落实分数乘整数计算的法则这一关键数学能力，整节课都围绕这个关键点展开教学活动，从学法设计、教法选择、教学策略、练习设计、板书设计，多层次、多角度达成目标。只要师生目标一致、思路清晰，达成学生数学关键能力，就会迎来数学课堂教学的春天。

三、构建系统知识求融通

首都师范大学陈树杰教授指出："系统的知识才能形成学生的智慧。"关键能力只是解决"温饱"问题，而设计系统对比练习是实现全面"小康"目标。在学生学完一个知识点后，适当归纳，系统整理，发展学生的智力也是很有必要的。梁老师设计这组系统对比练习，及时沟通整数乘法、小数乘法、分数乘法的异同，最后的追问：算式结果中的6表示的大小一样吗？（乘数中3表示的计数单位不一样，6表示的大小也不一样）对6的解释回归到了计数单位异同上来。

例如，设计思考题：下面三组算式，算式不同，结果也不同。在计算时，有没有相同的地方呢？

$3 \times 2=$ $0.3 \times 2=$ $\dfrac{3}{17} \times 2=$

$30 \times 2=$ $0.03 \times 2=$ $\dfrac{3}{11} \times 2=$

学科核心素养的研究和实践才刚刚开始，方向比速度更重要。核心素养的提出，不应该在原有的基础上做教育目标上的加法，而是目标更为精准的减法。其核心素养的精简整合，把握学生成长的关键，这些都需要我们走出去学习，静下来思考，坐下来梳理，站起来实践！

小学数学课堂有效对话关注的四个层面

丘燕飞

课堂教学是师生交往的过程，更是生命成长的对话过程，提高教学的有效性就是要提高对话的质量，让师生对话在同一"频道"上，关注对话的效果，让对话成为师生共同成长的重要资源。因此，在课堂教学过程中需要时刻关注对话的4个层面，即对话的知识层面、方法层面、精神层面、文化层面。下面以李想老师执教的北师大版四年级上册《生活中的负数》一课为例谈谈收获。

一、关注学生元认知，引发知识层面对话

小学数学知识教学占了课堂教学的大部分时间，关注学生基础知识积累是课堂教学的重要任务之一，为了认识正负数是一对相反意义的数，李老师设计以下对话。

师：孩子们，怎样的人才是富翁（负翁）？

生：家财万贯。

生：拥有名车别墅。

……

师：有的人成了富翁（负翁）一点都不快乐？这是为什么？

生：可能不会理财。

生：可能是欠债太多成了负翁。

师：富翁存100万元，而"负翁"欠100万元，都用100万元表示合适吗？

生：不合适。

师：数学是符号化的科学，你能用符号来表示这两个100万吗？

这个对话充分利用生活中大家耳熟能详的词语"富翁""负翁"引入，贴近孩子的生活经历，充分利用学生的元认知更能引发孩子的认知冲突和思维碰撞。这样的对话沟通了数学知识与生活的联系，为新知的生长点找到了生活原型。这样的对话始终关注知识点的生成，关注孩子参与课堂的欲望，充满童趣，这无疑是一段有效的教学对话。

二、关注学生元生成，促成方法层面对话

俗话说："授人以鱼不如授人以渔。"数学课程标准制定组组长史宁中教授指出数学学科素养解释为三句话："用数学的眼光观察现实世界，用数学的思维分析现实世界，用数学的语言表达现实世界。"因此培养学生的抽象能力、推理能力、建模能力等数学思想方法是课堂教学需要关心的第二层次。为了培养学生用最好的方式表示正负数，培养学生的符号运用意识，李老师设计了学生独立尝试、学生交流对话的形式，让学生充分理解正负数是一对相反意义的数，同时体会用"+"和"-"分别表示正负数的简洁性和必要性。我们来看看李老师设计的教学对话片段。

师：谁来分享自己的表示方法？

生：我用"↑100万"表示富翁的100万，用"↓100万"表示负翁的100万。

生：我用"☺100万"表示富翁的100万，用"☹100万"表示负翁的100万。

生：我用文字表示，存100万、负100万。

生：+100万、-100万，分别表示富翁的100万和负翁的100万。

师：你们觉得这几位同学的表示方法有什么共同点？哪些同学的表示方法更简洁？

生：我觉得四位同学的表示方法都很有特点，很容易区分两种富翁（负翁）的100万。

生：第四位同学的方法更简单，用+表示富翁，用-表示欠钱的负翁。

师：大家一起来看看古代是如何表示的。

师：20世纪初，数学家开始用"+"和"–"来表示相反意义的量，这种方法逐渐得到了大家的认可，被一直沿用到今天。

数学思想与方法是数学学科最本质的体现，是数学学科的价值所在，方法的渗透是一个逐级提高的过程，不能一蹴而就。例如，符号化思想就只体现数学的简洁性。李老师是用孩子自己的方法来体现符号化表示正负数的简洁性，更难能可贵的是他尊重学生现场的生成，通过对比、评价、梳理的对话过程，让学生一步步体会到数学的简洁之美及符号化的重要性。这样的对话不仅实用，而且能体现对话的层次性，让符号化数学思想深入学生脑海。

三、关注学生好品质，营造精神层面对话

学生不仅需要物质粮食的滋养，更需要精神食粮的滋补，这是课堂对话的更高层次，精神对话可以让思想碰撞出智慧的火花，数学知识学生不一定能记一辈子，但一次深刻的思想交流，会让学生一辈子记住，甚至影响其一生。在李想老师的课堂上不乏这样有深度的对话。

师：孩子们，来自广东的李老师怎么样？

生：好样的，上课风趣幽默，很有意思。

师：但我觉得桂林西山小学五（3）班的孩子非同一般，比老师棒多了！

师：临近下课，这张作品谁要？

生：我们都想要。

师：那就撕开，每人一点点。

生：不行，不行，撕了就毁了这幅作品。

师：孩子，说实话，这幅作品你想要吗？

生：我想要，但送给全班更有意义，大家可以分享，贴在教室里面，看到它就想到广东的李老师。

师：那这幅字就送给大家，大家读一读这幅字，"行胜于言"。

在对话中，李老师关注了学生分享意识的培养，关注精神"行胜于言"务实思想的渗透。对话虽然不长，但给孩子的印象是深刻的，下课后，孩子们还依依不舍，找李老师签名，这就是精神的价值、教育的力量！

四、关注学生共特长，创设文化层面对话

跨界融合，打破学科围墙是未来教育发展的一个趋势，现在的学科是综合性学科，在数学课堂中融合其他学科，合理渗透中华优秀文化，会让我们的学科更有深度和广度。在课堂教学的对话中关注文化的渗透，可以让更多的孩子找到认同感、存在感。桂林市西山小学是全国翰墨书法传承学校，李老师结合自身书法特长，进行了课前的有效对话，与孩子们进行有效心理对接，拉近师生关系，教师主动在孩子面前露一手，可以瞬间提高教师的个人魅力，因喜欢李老师而喜欢上李老师的课。

师：校长说我们五（3）班是全年级最好的班级，好在哪里？

生：我们比赛拿了好多奖。

师：校长说，这里是全国书法传承学校，我们班就有好多小书法家，我也带来一幅书法作品，但是都不好意思打开了。

生：没关系，李老师。

师：那就看看，不好你们可别见笑。

生：哇！太好了。（教室响起了整齐且热烈的掌声）

这样的对话，找到了学生的兴趣点、兴奋处，自然拉近了师生关系，为顺利开展教学工作扫清障碍。让学生不仅喜欢数学教师，更喜欢练习书

法。因为我们的李老师就是一位书法爱好者，学科融合可以让学生们全面了解教师，更能在课堂上有意外的收获。

课堂本是一个道场，师生在对话中彼此促进。教师成就了学生的同时也成就了自己，学生在成长中也携教师一起走上成功的康庄大道。关注课堂对话的有效性，更关注对话的层次性，会让课堂走向教育的本质，迎来课堂教学的春天。

怎样把小学数学课上得简约而开放

丘燕飞

简约教学既是一种教学思想，又是一种教学策略。简约就是要去伪存真，从有趣的情景中快速提取出简明的、最核心的数学问题，并把数学知识、思想与方法及数学文化渗透其中。开放学生的数学思维，让学生经历多角度的思考，寻找到最优方案，让学生的数学思维得到快速提升，在学生大脑中留下简洁的数学模型痕迹、开放的解决问题策略。聚焦问题，开放思维，提升学生综合能力。

听过徐长青老师执教的《烙饼问题》一课的老师都会自发地给这节课鼓掌，无不佩服徐老师炉火纯青的教学艺术，更佩服徐老师把简单的数学课演绎得如此的生动，充满了童真、乐趣。课伊始，趣已生；课继续，情更深；课已完，意未尽。怎样把小学数学课上得简约，而开放呢？这里以徐长青老师执教的《烙饼问题》一课为例，来谈一谈。

一、简约、开放的课堂需要良好的课堂常规做基础

无规矩不成方圆，小学数学课堂需要好的学习习惯，才能落实教学任务。小学是培养学生学习习惯的重要时期，好习惯成就好人生，现实中很多老师的这点意识不强，或不知怎么抓。一日复一日，年复一年，错过了很多养成教育的时机。在徐老师的课堂上，有三种培养孩子习惯的方法。

一是读课题，统筹与优化。学生读时拖音，徐老师轻轻一点："四年级的学生应该这样读。"数学课堂也需要教学生遣词造句，也要说文解字，徐老师做到了。

二是默读。当老师要求默读时，还是有不少学生读出声音了，徐老师马上纠正。

三是切换视频。看完视频后，让学生说出刚才读懂了什么，很多学生没有把数学信息记在脑子里，这时徐老师说："用脑子说话，慢说不一定是坏事，想好再说会更精彩。"

教育是个慢活！课堂教学不是总停下来强调纪律，而是不放过培养习惯的机会，学生习惯的培养要常抓不懈，这是简约开放课堂的基础。

二、简约、开放课堂是育人的课堂

如果数学课堂仅仅停留在知识的教学上是远远不够的，一节课如果缺少育人的环节，没有把数学知识适当地提升到数学文化这个精神层面，这样的课堂是干瘪的，说大点是"缺德"的课堂，是危险的课堂。大教育家韩愈说："师者，传道、授业、解惑也。"他把传道放在了首位，说明教育是教学的上位概念。育人不是简单地贴标签，也不是牵强附会地说教，而是要润物细无声，开展渗透教育、无痕的教育。育人于无声。"统筹和优化是数学家华罗庚的发明，求学就是求名人学，很可惜他去世了，还好，还有徐老师在，你们想学吗？想学就求我吧。"快结束时，徐老师意味深长地说："徐老师有一天也会走，这种数学思想要传承下去怎么办？"学生说："还有我们在，我们来传承。"徐老师欣慰地说："周总理12岁就发誓要为中华崛起而读书，从你们身上我看到了祖国的希望。"

三、简约、开放的课堂需要教师把微笑、激情和幽默带进课堂

这节课，徐老师精神饱满，语言精练、幽默，深深地吸引了学生们，也吸引了我。我不敢眨眼，生怕错过任何一个细节。这样做老师是享受的，做这样老师的学生也是幸福的。我想起初中的一个地理老师，上课很幽默、很风趣。他讲授的内容虽已模糊，但他的课堂没有压力，每天期待他来上课的那份喜悦依然在。

四、简约、开放课堂的落实策略

简约教学简在何处？教学情境应真实、简洁，教学内容应简明、充实，教学过程应简化、厚实，教学方法应简朴、多样，教学评价应简明、

真诚，教学语言要简练、深刻，教学媒体要简单、适用。同时，简约教学还讲求教学情境的简洁明快，直奔主题。情境的简约化过程，要求在教学中首先要考虑其与知识的相关性及所包含内容的丰富性与深刻性，应避免毫无生机与挑战的情境。而开放是针对学习的数学问题的解决策略的开放，简言之，就是用数学的思维多角度来解决问题。

（一）教学情境简洁而开放

这节课探索了两个主要数学问题。一块饼双面都要烙，一面要3分钟，一个锅一次可以烙2块，要烙2块要几分钟，在此基础上要烙偶数块的时间；烙3块最少要几分钟，在此基础上学习烙奇数块（1除外）要几分钟？学生经历猜想、操作、验证等开放的教学策略，最后得出规律：

饼数	策略	最短时间
2	同时	3×2=6分钟
3	交替	3×3=9分钟
4	同时	3×4=12分钟
5	同时或交替	3×5=15分钟

……

（二）媒体使用的简单而开放

课堂上，徐老师只用了三张PPT、一块黑板，从媒体使用上是很简单的。简约教学在充分利用媒体优势的同时，强调三个不能代替，即不能代替黑板、不能代替操作、不能代替想象。在学习快结束时，回到烙1块饼需要多少分钟这个问题，孩子们各抒己见，想了很多方法，最后教师出示电饼铛（一种可以双面加热的锅）的图片，学生们茅塞顿开，将数学问题和科技发明联系起来。任何科技发明都来源于生活的需要，一个简单的数学问题竟然可以引发一项科技发明。这是多么开放且有创意的深度问题。

（三）教学方法的简朴而开放

徐老师将学生的手当作饼、自己的手当作锅，配合煎饼"刺啦"声，简单、形象地把煎饼所用的时间给"煎"了出来。

烙2块饼所用的时间是本次教学的起点和基础，也是这节课教学的真命题，又是这一数学思想的基本模型，这为后面学习烙4块、6块、100块打下基础。教学烙2块饼所用的时间比较多，演示简单、实用，学生直观地得出要6分钟。这个慢的过程是为了拉长知识的形成过程、让全体孩子都有吸收内化的时间。能做到这点实是不简单的，只有扎实基础，才能开放思维。

其中烙4块饼全班做了一次模拟演，得出了需要3×4=12分钟，这个演示过程比较快，把煎饼的"刺啦"声和3分钟建立联系，一次"刺啦"声就是3分钟，烙4块饼就是4个"刺啦"声，也就是3×4=12分钟。这个过程快速演示，快速利用学生思维，而不是简单地重复第一次的操作。把烙饼时间和3分钟的关系建立起来，抓住了问题的本质。

烙6块、100块要多少时间，采用的是口算的形式，学生能快速说出多少时间，学生的思维又进了一步，并且是一大步，甚至是思维的突变，这就是徐老师的设计不简单。这个过程从慢操作到简单操作再到快速口答，最后让学生说出规律，这个规律就是把烙100块饼的时间转化为50个2块，一个2块就要6分钟，50个6就是300分钟，或者是3×50=150分钟，学生的思维得到快速发展。

在此基础上学习烙3块饼要几分钟，估算烙3块饼的时间北两块的时间长，比4块时间短。在实践中，得出优化后同时烙3块饼要9分钟。烙3块饼所用的时间是伪命题、难点，是学习烤除1块除外奇数块的基础，烙5块要多少时间，可以用经验+经验=新经验的思路，把烙5块饼要多少时间转化为旧经验，2块+3块的时间，即使：6+9=15分钟，或者是3×5=15分钟。烙7块的时间可以怎样算？这是数学思想中注重利用已有经验，把新知识转化成已有的知识。

（四）教学语言的简练而开放

徐老师的评价语和小结语言高度精练，真诚到位，引导学生从课堂走向课外，从数学提升到数学文化。看似简约的课堂，是开放、大气、有深度的课堂，从冗繁走向凝练，从紧张走向舒缓，从杂乱走向清晰，从肤浅走向深邃，从简约走向开放，这一切源于徐老师对小学数学教育的继承和创新，源于徐老师对中国梦、教育梦的追求！

指向数学抽象能力的小学数学概念教学策略

丘燕飞

　　小学数学概念是学生数学知识的基石，在概念教学中，培养学生的抽象能力至关重要。若学生数学概念掌握不牢，那么数学学习将"地动山摇"。而数学概念本身的抽象性和本阶段学生思维的具体性存在一定的矛盾，因此在概念教学中，教师要做到以下几点：一是要有学生立场、生活味道；二是多维构建、系统生成；三是提升融合、深度思维；四是注重优化、回归生活。

　　美国数学教育家克莱茵认为，数学是一种理性的精神，它使人类的思维得以运用到最完美的程度。而小学数学概念是高度抽象的理性精神的体现，数学抽象能力作为数学核心素养之一，概念教学是培养学生这一能力的重要载体，小学数学新课程标准明确要求："掌握正确的数学概念是学习数学知识的基石，学生接受抽象概念，需要教师的正确引导。"因此，在小学概念教学中培养学生的抽象能力应该遵循以下一些教学策略。

一、学生立场，生活味道

　　小学生抽象思维能力较弱，比较缺乏数学概念方面的生活经验，若直接引入教材中的数学概念，不仅使得课堂教学枯燥，很多学生也将难以理解概念，更谈不上灵活应用。荷兰数学教育家弗赖登塔尔在《作为教育任务的数学》一书中表述了数学就两个基本观点：一是数学教育应该结合学生的生活体验和数学现实，二是数学教育是数学的再创造。这就要求教师要关注学生的已有生活经验，创设符合学生实际的教学情境来引入概念，引起小学生好奇心，吸引学生的注意力，让概念引入有生活味道，提高数学概念的学习能力。例如，在教学北师大版《生活中的负数》一课，引入魔术"明日环"，魔术表演分为以下步骤：

步骤一：用左手的大拇指和食指撑起铁链。

步骤二：将铁环套铁链中上部位置，铁环一端放于右手中指上。

步骤三：右手放开铁环，铁环即被铁链拴住。

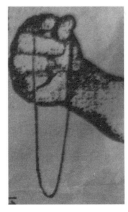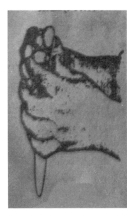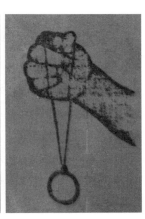

步骤一　　　　　　步骤二　　　　　　步骤三

魔术"明日环"表演步骤

铁环可能被拴住（成功），也可能铁环掉落（失败），让学生用简洁的方式记录魔术表演时成功与失败的次数。这样的引入符合孩子追求新奇事物的特点，快速引起学生的注意，并积极投入对正负数的不同表达方式的思考中，为理解正负数是一对相反意义量的抽象概念起到良好的效果。

又如在《循环小数》的引入环节，采用给学生讲故事的方式引入："从前有座山，山里有座庙，庙里住着一个老和尚和一个小和尚，老和尚对小和尚说，从前有座山，山里有座庙……"接着学生也跟着讲这个故事，由此设疑，为什么你们也能讲这个故事？通过这样的引入，既有趣味，又把故事不断重复的本质和循环小数的本质建立起联系，为学生理解循环小数的抽象概念找到一个生活的类原型。

二、多维构建、系统生成

在小学数学概念教学中，教师要将学生对概念的学习放在自主多维构建的层面，以同化来实现学生对概念的内化，而不能靠简单的记忆来学习概念。同时，教师更需要采取多种措施，从多个角度和维度引导学生抽象概括概念，提高学生的数学抽象能力。

（一）正反对比，系统构建

对比是一种有效的教学手段，通过事物的正反对比，很快找出事物异同点，找到概念的本质属性，有效实现概念的抽象，实现对概念的有效表征。

例如，教学"平行"这个概念时，教师可以出示以下两组线让学生判断，进行第一次对比，哪组线是平行的？同学通过正反比对，对平行有了初步感知，并且能用语言描述，实现平行概念的第一次抽象。

哪组线是平行的？

在此基础上进行第二次正反对比，通过判断，进行平行概念的第二次抽象。

从而得出结论：在同一平面内，两条不相交的直线叫平行线。在进行平行概念抽象的过程中，正反对比是行之有效的手段，在对比中系统构建概念，在对比中实现抽象概念的内化，培养学生的抽象概括能力。

（二）标准对比，转化构建

在小学数学概念中，"等量关系"是一个重要概念，它是解方程和用方程解决问题的基础。在众多的等量关系变式中，要正确找到等量关系，就需要建立天平左右相等的直观表象，再从天平左右相等抽象成用"="表示，每次都与标准的天平图对比，找到天平左右边分别是什么量。这样通过与标准对比的手段，学生很快可以找到等量关系。

例如，通过天平图与线段图对比，学生很快可以找到，天平左边的盘子放什么量，天平右边盘子放入什么量，此时的天平就左右相等，从而写出等量关系：2b+15=100。

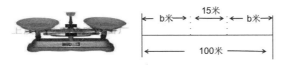

天平图与线段图对比

又如下图，通过标准的天平图与倒水情景图对比，学生很快可以找到，天平左边放入什么量，天平右边放入什么量才会使得天平左右相等，从而比较顺得出等量关系：2个热水瓶装水量+200毫升=2000毫升，每次与标准概念进行对比，引导学生学会转化找到支撑点，顺利达到抽象概念教学目的。

天平图与情景图对比

（三）操作对比，强化构建

对于小学生来说，建立空间概念是有难度的，尤其是对于1平方米有多大，1平方米、1平方分米和1平方厘米的关系更是模糊不清，停留在背诵的层面。如果在地板上分别画出1平方米，在1平方米的一角画出1平方分米，最后在1平方分米一角画出1平方厘米，通过操作直观对比，学生可以直观、清晰地建立起它们之间的空间表象，最后再将对比图贴在黑板上。

035

$1m^2$、$1dm^2$、$1cm^2$面积对比

三、高度融合、深度思维

深度思维的对立面是表浅思维，没有思维含量的数学吸引不了孩子，枯燥的数学练习会使学生厌烦，而新颖有趣的练习，会使学生积极思考，从而体验成功的快乐。在设计练习时，我们选择的练习内容要新颖有趣，能够吸引学生，让学生陶醉其中、参与其中。比如，苏教版五年级下册《数学》"3的倍数特征"一课中，教师设计了"听音辨数"游戏："同学们，刚才咱们都是看着这些数直接来判断的一个数是不是3的倍数，现在老师要提高难度了，不能看数，只能用你的耳朵仔细听老师在计数器拨珠的声音，判断一下老师拨出的数是不是3的倍数。"教室鸦雀无声，学生们都静静听着一颗颗珠子掉落的声音，思考这拨出的数是什么数，是不是3的倍数。一个既有趣又神奇的练习，让学生对3的倍数特征更加清晰准确。[①]

再比如，学生学习了小数后，让学生在格子图上表示出0.536这个小数，学生在操作中深度理解小数的意义，加深对"小数相邻单位进率是10"这一知识点的理解，达到深度学习的目的。学生的作品如下图所示。

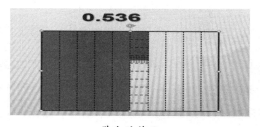

学生的作品

---

① 黄娇艳.指向核心素养的小学数学概念教学[J].教学与管理，2019.03（15）.

四、注重优化、回归生活

　　学生经历了概念的形成、抽象过程，最后会形成对概念的准确、简洁、清晰的印象。此时，若尝试让学生自己用简洁的方式表达概念，可以收获到意想不到的效果。有童真又不乏科学性，比如，学生学完平行与相交概念后，让学生用手势表演的方式总结；学生学完质数和合数后，说"1如单身汉，合数是吉祥三宝"。虽不十分准确，但天真的表达却值得表扬。

　　概念教学是教学中的重点和难点，授课时需要结合学生立场，采用多元表征，科学构建，为学生找到学习数概念的原点，找到概念数理的支撑点。设计有趣的练习激发孩子的兴奋点，学生一定能形成科学的数学概念，并且做到准确理解和正确运用，为今后学习数学打下坚实的基础。

基于课堂教学无意识行为的课堂观察与思考

——以《拨一拨》一课教学为例

丘燕飞

课堂教学行为的无意识行为指教师在课堂中表现出的随意行为，包括走位、眼神、板书、语速、口头禅等，是自我无察觉的行为。这种行为有的是好的，有的是中性，还有的则需要改进。这学期以"生态、高效课堂"为主题的同课异构又拉开帷幕，为使听课有收获，便于教师成长，有益教师发展，学校建议每个听课教师选择一个视角进行观课。以我所听的北师大版二年级下册《拨一拨》（万以内数的读法和写法）一课为例，我选择从教师上课的无意识行为这个视角进行观课。

一、教师提出的为什么，让学生很为难

数学是讲道理的学科，凡事多问为什么，能让学生养成爱思考的好习惯。但有些问题不能总问为什么，否则会让学生很为难，不知所措。例如，教师让学生上来摆数位顺序表（万位/千位/百位/十位/个位），学生很快按照从高到低顺序摆出数位顺序表。这时教师问："为什么这么摆？"该生支支吾吾的，没有回答出一个所以然来。我当时也思考了怎么回答这个问题，可否换个做法，采用对比的手段，让学生明白认清数位很重要？首先是提问有没有不同的摆放方法，让学生在两种摆放中对比选择，哪种是对的？其次是教师可以调换数位顺序（万位/百位/十位/千位/个位），并提问学生，这样摆可以吗？在对比中，学生就明白了数位顺序从右往左时按从低位到高位，一级一级地摆。

在课堂教学中的提问需要有学生立场，问题导向，对于有些算理，可

以提出：说说这样做的理由是什么？说说你的想法？你想提醒同学们什么？你认为最关键的是什么？或者站在学生立场上通过对比，产生问题，让学生有话可说，学生也能说到点子上，逐步培养学生会思考、能表达的习惯，达到发展学生高阶数学思维的目的。

二、教师的站位要站到讲台的主要位置

教师上课时要像演员表演一样，注意台风。教师站在合适的位置，有利于面向全体讲解，便于学生学习。如果是个别指导则要站在学生平行的旁边，如果是小组指导则要站在学生小组偏中间位置进行讲解，让听课学生时刻感觉和老师在一起。例如，该教室一共有5个过道，这节课上教师在过道上停留指导的次数如下表所示。

教师在各过道上停留指导次数统计表

过道	5过道	4过道	3过道	2过道	1过道
次数	0次	11次	7次	1次	0次

从教师上课时的无意识站位可以看出，教师走到偏讲台4通道次数最多，对学生学习的关注度也较高（每一组学生学业水平是均衡的），而对于两边靠窗户的学生关注较少。教师在教学时既要关注全体也要关注每个个体，更要精准"扶贫"，让全体学生共享优质教育资源。

三、多讲有用的话，少讲正确的废话

教师对学生总有说不完的话，提不完的要求，做个好学生确实不容易。教师的千叮万嘱，学生能听几分？哪些是真要做的？哪些是客套话？哪些是有用的话？哪些是不痛不痒的正确废话？教师在教学中要语速适中，语言顿挫，想好再说，简洁、清晰地表达。例如，教师在表扬学生时说："你真棒，很好。"这样的表扬少用，最好不用。要说清楚学生棒在哪里，好在什么地方。让教师的激励语言有仪式感，有穿透力。

又如，教师在总结万以内数的读法时，采用挤牙膏式的总结读数的法

则，孩子都会读书了，在PPT上出示一段学生没有什么认同感的法则，对于二年级的孩子来说没有必要。二年级的孩子还做不到提炼总结法则，对于他们而言，会用法则比法则文字本身更重要。

再如，教师鼓励学生在家好好学习，说："同学们在家要好好学习，不能……"这些无意识、没有设计的话尽量少说，最好不说，因为不够浓重，不够力度，孩子听了太多了。

课堂教学是一门遗憾的艺术，于漪老师曾经说过："我一辈子做老师，一辈子学做老师。"我们要关注自己教学时的无意识行为，发扬好的方面，更要克服无意识行为的负面因素，且学且研，一直在路上！

数学课堂教学结构的三个支撑

丘燕飞

2018年9月26日下午，光明新初中数学教研活动在我校召开，围绕七年品味数学主题教学活动开展了《有理数加减混合运算》进行同课异构活动，因为品味数学可以从多角度进行观课，我选择从课堂教学结构这个角度进行思考。数学课堂教学是有一定的结构，把课堂结构按照不用标准可分出不同的结构。我主要从数学课堂教学独特课堂结构选择三个支撑点进行分析。

一、 发挥模块教学的功能支撑

学生在学习了有理数加法和减法之后，开始学习《有理数加减混合运算》。本节课让学生解决两个问题：一是把有理数加减法统一转化为加法计算，即写出代数和的形式计算；二是在代数和计算过程中使用简便计算方法，同号合并、绝对值相等合并、同分母合并等，使计算更简便。

在设计教学环节时，教师需要充分考虑每个教学模块的功能，并且以课堂教学时间顺序，上一环节教学模块要为下一环节教学模块服务的原则，充分用活、用透上个模块教学的资源。

例如，第一环节的复习要为引入新内容做准备，王老师的复习环节设计如下所示：

$+（+5）=?$ $-（-3）=?$ $+（-4）=?$ $-（+6）=?$

学生复习上述四道题目时，回忆之前学过的计算法则：同号得正，异号得负。这一法则将为接下来的化减法运算为加法运算做准备。这是复习环节为下一教学环节服务的功能。

同时解释：+（+5）=? 实际上是表示0+（+5）=；–（–3）=表示0 –（–3）；+（–4）=表示0 +（–4）；–（+6）=表示0–（+6）。这为用数轴理解加减法数理问题在数轴上找到0"起点"提供了帮助。

再次利用刚才这个数字演变出今天学习的新知识。

（+5）–（–3）+（–4）=? 该如何计算呢？学生对于简单的数字比较熟悉，在此把数字进行组合构建成新知，学生很快进入思考状态，体现数学新知识是在旧知基础上产生的。学生尝试练习可以由这三个数学改编：（+5）–（–3）–（–4）；（+5）+（–3）–（–4）等进行练习。

以上就以复习练习功能为新知学习服务角度理解数学教学每个模块是相互支撑，每个模块相对独立，为下次教学起到梯子支架作业，体现它该有的支撑功能。

二、解决核心问题的数理支撑

每节课教学过程都有个难度问题，有些难点也是重点，只有把一节课的难点得到充分突破，才能为学生的后续顺利学习扫清障碍，例如在教学本节课（+5）–（–3）+（–4）=? 时可以先让学生运用已有的方法进行计算，学生可能会出现以下不同的计算方法：

按从左往右计算（+5）–（–3）+（–4）=8+（–4）=4，还有学生把减法转化为加法：（+5）–（–3）+（–4）=（+5）+（+3）+（–4）=8+（–4）=4，还有学生可能会是把减法转化为加法，再去掉括号：（+5）+（+3）+（–4）=5+3–4=4。在学生独立思考基础上进行教学，可以很好把握学生学习的起点，以学定教，为找到突破教学难点把握好起点。

在解决（+5）–（–3）+（–4）时可以用数轴来帮助学生理解有理数加法的计算法则。运算符号为加号，加正数往右走，运算符号为加号，加负数往左走；运算符号为减号，减正数往左走，运算符号为减号，减负数往右走。

三、挖掘心理相融的情感支撑

课堂教学知识线和情感线相互交融，创设民主和谐的课堂教学氛围，教师在课堂中鼓励学生大胆思考，表扬学生回答问题的合理成分，学生之间相互鼓励，互学互助共同成长，这些都会使得课堂氛围融洽，师生之间，生生之间，人际之间的情感相融，这都是构成课堂结构的重要部分。

总之，一节课需要让学生越学越有味，需要我们教师把握课堂教学的结构，从生活角度、数理角度和情感角度为孩子发展提供有力的支撑。

巧用数学故事活化低年级课堂

王雨晴

在小学低年级数学课堂中应用数学故事，可以让抽象的数学知识变得生动有趣。数学故事可以渗透数学思想、承载数学方法。学生也能在数学故事中更加专注地感受数学情境，充分参与数学课堂，从而积极思考并解决数学问题，提高课堂效率。

每个孩子都喜爱听故事、读绘本，教师可以借助低年级学生喜欢听故事的心理特点，将数学故事引入数学课堂，降低数学的抽象性，让数学课堂更加鲜活。学生在听数学故事时，不仅全神贯注、积极参与，还能够进行有效思考。因此数学故事可以有效调动学生的积极性，让低年级数学课堂更加高效。

一、故事导入，激发学习兴趣

低年级的数学教材都是以情境图的形式呈现数学问题，若教师能在此基础上融入生动的数学故事，学生将会更加兴趣盎然，乐于探索新知。以北师大版一年级上册数学《背土豆》一课为例，教材创设了小老鼠背土豆的童话故事情境，以连环画的形式呈现出了一加一减两个场景，学生在故事情境中探索并掌握有关7的加减法计算方法。教师在教学时可以使用生动的教学语言讲述该数学故事，创造情境，让学生一下子被吸引住，纷纷动脑思考、举手回答问题。

师：同学们，快看，小老鼠多多正在往它的袋子里装土豆，它一边装嘴里还一边念叨着：装得越多越好。小朋友们，现在你知道它为什么叫多多了吗？

师：多多只顾着装土豆了，但是它忘记自己装了几个土豆了，你们快来帮帮它吧？（引出"一共有多少个土豆？"的数学问题，学生会用数一数的方法或者用加法进行计算。）

师：多多知道自己装了7个土豆后，连忙说："够啦够啦，赶紧背回家和爸爸妈妈一起吃"，于是多多背着7个土豆就快速往家里跑，你们快看，发生了什么？原来呀，是袋子破了，土豆掉出来了1个……(引出"还剩下几个土豆？"的数学问题。)

接下来教师问学生"为什么多多到家时一个土豆都没有了"，让学生续编多多回家时还可能发生哪些故事。学生兴致勃勃，想出很多故事结局。于是学生在轻松愉悦的课堂氛围中就学会了7的加减法运算。教师在讲解这个数学故事的时候，学生能够做到全神贯注地听讲，并积极回答教师的问题，做到有效思考。课堂在数学故事的借助下发生了深度学习，学生更好地掌握了加减法的意义。

二、故事教学，突破教学难点

利用数学故事进行教学还可以突破教学中的重难点。以北师大版一年级下册数学《阅览室》一课为例，学生刚刚学到进位加法和退位减法时，纯数字的计算极为抽象，部分学生难以理解算理，此时若利用数学故事进行教学，能够将枯燥的竖式计算变得趣味十足，吸引学生注意，从而达到更好的课堂教学效果。

课本出示了阅览室借书的情境，学生能够自主理解情景图，列出算式解答。在探究算理时，让学生有充分时间经历"摆一摆"小棒和"拨一拨"计数器环节，学生经过操作学具能够想到把一捆小棒拆成十根，把计数器十位上的珠子拨走一个换成个位上的十个珠子，也就是把一个十当成十个一，来帮助进行计算。之后让学生尝试自主列竖式计算时，学生能够将已经学过的进位加法竖式进行知识迁移，认为个位不够减，要问十位借一个十。但是在"借一当十"的表达上学生容易出错。部分学生在十位和个位中间写了一个小小的"1"代表"借1"（如图1，正确竖式如图2）。此时教师可以插入数学故事强化新授内容，突破重难点。如下：

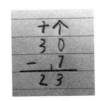 

图1　错误的竖式　　　图2　正确的竖式

师：数学王国一年一度的减法大赛开始了，比赛正在激烈地进行着。可是个位弟弟"0"突然哭了起来。你们想知道发生了什么吗？原来是个位弟弟不够减，他就急哭了，呜呜呜呜……小朋友们，你们快想办法帮帮他吧！

生：找十位"3"借一个十。

师：聪明的你们真是想到了一个好办法呢。于是个位弟弟立马向十位哥哥求助说：十位哥哥，我减不过人家，快要输掉比赛了，你能不能帮帮我？同学们，你们猜十位哥哥会不会帮忙？

生：会帮忙。

师：十位哥哥想了想说道：个位弟弟你别急，我会帮助你的，因为我们都是一家人。小朋友们，为什么十位哥哥说他和个位弟弟是一家人呢？

生1：因为一个是哥哥，一个是弟弟，所以是一家人。

生2：因为他们都是被减数。

师：你们说的都对。原来他们都是被减数家族里的，所以十位哥哥借给了个位弟弟一个十，这下个位弟弟够减了吗？

生：够了，这下个位弟弟变成10了。

师：可是就在他们都以为马上就要赢得比赛的时候，裁判说了句，你们快要输掉比赛了！咦？怎么回事？原来呀，十位哥哥是个小迷糊，总是忘记自己借给了个位弟弟一个十，于是他就减错啦，这下可怎么办好呢？

生1：在他头上画一个点。

生2：在他头上写一个小"1"。

师：你们真是想了不少好办法呢，聪明的个位弟弟此时也想出了一个好办法，他对十位哥哥说："十位哥哥你别急，我有个好主意，让你不会忘记借给我的一个十，我在你的身上按个手印。"小朋友们，你猜个位弟弟要把手印按在哪里好呢？

生：脸上、手上、头上……

师：个位弟弟听了你们的建议后想了想，决定就按在十位哥哥的头上。这样就能让他牢牢记住他借走了一个十。小朋友们，所以你在"借一当十"的过程中，要在十位哥哥头上按一个小手印，也就是画一个小圆点，叫作"借位点"。并且别忘了，十位哥哥还要减掉这借走的一个十呢。这下，在你们的帮助下，他们终于赢得了第一场比赛。

学生认真听这个故事的同时一边思考，做到了学思结合，对于学生初学退位减法时总是遗忘退位点的问题进行了突破。其实在一年级学生学习《比一比》这个单元时，教师可以用数学绘本《谁先吃好呢》进行教学，利用该绘本可以整合比大小、比高矮、比长短等多个课时的内容，并且学生在一边听绘本故事一边思考记录的过程中，很容易突破难点，很快就知道比高矮或者比长短时要从同一起点进行比较。

三、故事编题，提高解题效率

把数学故事应用到解题过程中也会有意想不到的效果，学生能够更好地理解题意，从而对考察的知识点印象更加深刻。以北师大版数学一年级下册练习五的第6题为例（图3）。

教师在讲解这一题时，先让学生独立做题。学生或者算出来比较或者观察比较得出答案。此时教师可以请解题速度快的学生进行讲解。教师在讲解此题时先让学生再次观察跷跷板两边算式的特征，再应用故事进行讲解：

6. 画出跷跷板。

图3　画出跷跷板

师：第一个跷跷板中的两只小熊本来一样重，都是25公斤。左边这只小熊每天健康饮食，后来只重了15公斤，可是右边这只小熊总是吃垃圾食品，于是长胖了51公斤。小朋友们，现在他们俩玩跷跷板，跷跷板两边谁轻谁重呢？该怎么样画呢？

师：那请你再次观察左右两边的算式，你能总结出规律吗？

生：加法算式中，如果第一个加数相同，第二个加数越大，和就越大。

经过数学故事的形式讲解了第一幅图后，学生纷纷举手要把其他三幅图编成数学故事讲给其他同学听。学生在编故事的过程中，也是数学思维被激活的过程。通过这个数学故事，学生全神贯注地听故事、认真地模仿讲故事。最终学生在轻松愉快的学习氛围中掌握学习目标。

数学故事既可以是优秀的数学绘本，也可以是教师精心为教学而设计生成的，还可以是数学名人故事、古代数学故事等。教师在应用数学故事打造高效课堂的同时还要注意任何形式的教学都应是为了达成教学目标而设立，不可脱离教学内容。数学故事也应该如此，不可为了活跃课堂气氛而形式化。因此教师在选取数学故事时要做到精心选择，与教学内容相辅相成。

经历分数概念建构过程 培养学生数学核心素养

——以重建《认识分数》教学为例

杨柳娇

一、《认识分数》课后教学反思

（一）分数教学的问题存在

有关分数概念的教学常常是教师进行"公开课"教学的首选内容，我曾多次听过这节课，也曾多次执教过这节课。每次课程结束后都觉得课堂气氛很活跃，学生有很多机会进行动手操作，学习积极性很高，师生关系很和谐。但是透过这些教学活动热闹的表面可以发现其背后存在的本质问题，至少包括以下几方面：

其一，是分数概念认识的单一化。

在分数概念认识的教学过程中，教师十分关注从生活中抽象出分数概念的引入过程。许多教师几乎都是大同小异地通过分蛋糕、分苹果的情境来引入二分之一的概念，接着就让学生用各种长方形、正方形及圆形的纸折出二分之一，或者在几何图形上涂出二分之一的部分。通过这样的活动，学生将半个长方形、半个正方形、半个圆形等图形之间建立意义联系。由于"折一折""涂一涂"等操作活动设计本身的局限，使得学生对几分之一概念的认识(除半个蛋糕或半个苹果外)只能与几何图形相联系，几乎难以与他们的现实生活建立联系。因此，无论是前者的引入过程，还是后者的操作活动，都很容易导致学生对分数概念内涵认识的单一。

其二，是分数概念认识的形式化。

在分数概念认识的教学过程中，教师还十分关注学生对概念认识和理解的语言表达。为了帮助学生认识、理解、记忆和掌握分数概念的抽象语言，教师一般习惯于用填空的形式，引导学生用规范的语言来表达几分之一的抽象含义，即"把一个（　　）看作一个整体，把这个整体平均分成（　　）份，其中的（　　）份就是这个整体的（　　）分之一"。这样，学生很容易在形式上外在的"占有"这些语言的机械表达，却很难从本质上内在地体悟这些语言的抽象意义。

从分数概念结果的符号表示，到分数概念语言的规范表达，从前者的"符号抽象"到后者的"形式抽象"，学生虽然经历了"了解概念符号—理解记忆概念—辨析强化概念—巩固运用概念"的学习过程，但是，这其实是一个符号知识的学习过程。教师仅仅关注了分数概念的结果性知识，忽视了分数概念的过程性知识；关注了分数概念教学的表面形式的抽象，忽视了学生经历分数概念形成的过程抽象，带来的结果是学生对分数概念的认识仅停留在符号记忆的水平。

（二）分数教学的价值与建议

众所周知，数学概念是人类生命实践活动的智慧结晶，它是前人通过大量材料的辨析比较、提炼抽取本质属性、归纳概括命名的活动过程而形成的。经过简约化的提炼和符号化的表达，数学概念就抽象成为一种显性的符号化知识，而辨析比较材料、提炼抽取本质、归纳概括命名的活动过程，往往就成为一种隐性的过程性知识。

如果教师能够透过显性的符号化知识的表面，发现其背后的隐性的过程形态的知识存在，那么就有可能引导学生经历"辨析比较材料—提炼抽取本质—归纳概括命名"的活动过程，以"再创造"的方式经历概念形成的"数学化"过程，这是一种经历概念形成的"过程抽象"的学习方式。在这个过程中，既要帮助学生形成对分数概念内涵的丰富认识，又要帮助学生提升比较分类、概括抽象的能力，还要帮助学生提升准确、简练和严密的数学语言表述水平。

在这些认识的基础上，分数概念认识的教学就要改变原来这种演绎概念的教学方式，努力让学生真实地经历分数概念的形成过程，开发和拓展概念形成过程对于学生的教育价值。

二、《认识分数》课后教学重建

（一）重新定位教学目标

经历"辨析比较材料—提炼抽取本质—归纳概念命名"的单个整体分数概念形成的过程，进一步掌握分类研究的方法。

理解和掌握把单个整体平均分用分数表示的方法，并能用分数正确表示整体与部分的关系，能用完整、准确的语言来表述。

认识分数各部分的名称，能正确读、写几分之一。

体会分数与实际生活的联系，了解分数在实际生活中的应用，加深并丰富学生对分数概念内涵的认识。

（二）重新建构教学思路

在单个整体的分数认识的教学中，结合学生课前的知识水平和已有生活经验，将教学过程分为谈话引入、核心推进、总结拓展三大板块，其中核心推进过程又分为三个递进环节：分类研究，整体感悟整体与部分的关系；聚类研究，抽象概括分数的本质特征；巩固应用，深化理解分数的意义。（此处只探究第二板块核心推进过程部分的重建。）

1.核心推进过程中的第一环节

分类研究，整体感悟整体与部分的关系。教师提供给学生大量具有"整体与部分"关系的感性材料(包括现实生活中的材料和几何材料)，再引导学生在对这些材料充分感知的基础上，努力寻找这些相同材料中的不同点，进行辨析比较和分类分析。学生在实际分类的过程中，所体现出来的辨析比较能力是有差异的，教师要引导学生在"半成品"的基础上加工形成"成品"，也就是引导学生在一级分类的基础上进行二级分类。所谓一级分类就是先把材料按照"是否平均分"的特点分为两类，所谓二级分类就是在平均分的这一类材料中继续分类，有平均分成两份的，有平均分成三份的，也有平均分成四份的，等等。

在这个分类分析的过程中，不仅可以培养学生材料处理和辨析比较的能力，而且可以培养学生形成发现相同材料中隐藏着各自不同特点的数学眼光。更为重要的是，还可以培养学生能够透过表面现象发现其中本质属性的穿透能力和抽象能力。

2.核心推进过程中的第二环节

聚类研究，抽象概括分数的本质特征。教师引导学生在大量材料感知的基础上，进行归纳概括和提炼抽象。学生在列举大量事实材料的基础上，通过对这些背景不同但本质相同的事实材料的聚类分析，来发现这些材料背后的本质属性，从而归纳概括和提炼抽象出分数的概念。在这个过程中自然需要用语言来加以表达，为了使学生能够在归纳概括和提炼抽象的环节中能够用比较准确和自如的语言进行表达，教师尤其要结合教学过程关注学生语言表达能力的过程性培养。

而学生语言表达能力的过程性培养，可以结合以下具体的教学过程来进行：

一是教师要结合学生在对材料进行辨析比较分类的过程，引导学生用自己的语言表达分类标准和材料特点。尽管其中可能有不规范、不准确、不简练等语言问题的存在，但这是学生最本真语言的体验和表达。

二是教师要在学生这些本真语言表达的基础上进行修正和提炼，帮助学生形成规范的语言表达。

三是教师要注意提供学生进行规范语言表达的机会，比如学生在列举现实生活中的分数现象时，教师就要关注学生运用规范语言表达的状况，不断在过程中提醒学生自觉运用准确简练和规范的语言进行表达。这样，学生在归纳概括和提炼抽象环节中的语言表达就有可能水到渠成了。

3.核心推进过程中的第三环节

巩固应用，深化理解分数的意义。在初步理解分数的意义后，教师注意引导学生要与现实生活相联系，帮助学生对几分之一内涵形成丰富的认识。分数初步认识的教学中最容易出现把分数仅仅与几何图形建立意义联系的认识局限，所以教师在教学中要注意拓展学生的视野和思维，努力沟通分数与现实生活的联系，使学生对几分之一的丰富内涵有充分的认识和体验。例如，现实生活中的一个生日蛋糕平均分给八个小朋友的关系，一瓶百事可乐平均分给四个小朋友的关系，一个吊扇与其中三片叶片的关系，一扇窗子与其中四块玻璃的关系，一朵白玉兰与其中六片花瓣的关系，等等。教师在引导性的举例后，要注意重心下移地让学生或以同桌方式或以小组形式进行举例，最后还要在全班进行交流，集聚全班学生发现的眼光和丰富的资源，激发学生努力将数学知识与现实生活建立联系，从而进一步加深对几分之一内涵的意义认识和理解。

总之，分数的概念较之整数概念要抽象得多，我们一方面要帮助学生经历分数概念的形成过程，使学生能够对抽象符号背后的分数内涵有比较丰富和深刻的意义认识；另一方面要借助分数概念的形成过程拓展其对于学生成长发展的教育价值。唯有如此，学生才有可能在亲历概念形成的过程中内化和把握知识，才有可能在亲历概念形成的过程中把前人生命实践中的智慧转化为自己生命成长的丰富资源，才能在数学学习中逐步培养学生数学核心素养。

小学数学"数据的表示和分析"教学探究

吴宛玲

数据分析观念是小学数学十大核心素养之一。在"数据的表示和分析"教学中，应该立足于现实社会背景，让学生学会调查、收集、绘制、分析数据，体会数据分析的价值，并能将数据分析应用于实际生活中。在教学过程中，还应渗透数学文化教育，丰富学生的情感体验，提升数学的教育价值。

随着课程改革的深入，数学教育越来越聚焦育人方式的变革，数学不仅要学习书本上的知识点，还应与时俱进，与现实生活联系起来。数学的学习不仅要"知其然"，更要"知其所以然"。当学生能够了解数学的来龙去脉，体会其产生的必然和存在的价值，就能够提高学生学习数学的主观能动性、自主建构知识的积极性。因此，教师在设计教学流程时要充分给予学生过程性的探究活动，重建被割裂的数学知识与现实社会背景的联系。

一、数据分析应立足于生活和现实社会背景

数学源于生活，也应用于生活。数据分析观念是当代学生必须要具备的重要素养，而数据分析与生活息息相关。教师在设计教学时应充分利用好学生的学习、生活经验或当下的现实背景，激发学生的学习兴趣。例如，在二年级初步学习统计时，我们可以让学生统计"最爱吃的水果"，先以小组为单位收集组员"最爱吃的水果"，再访问其他小组同学的情况，用自己喜欢的方法表示以上收集的数据。这样收集数据的学习活动可以让每位学生都乐于参与，体验数据收集和表示的过程，接着在老师的带领下

对数据情况进行绘制和分析。除此之外，还可以让学生统计"最喜欢的电视节目"、"最喜爱的学科"等，因为这些数据来源于学生的亲身经历，学生能够倍感亲切，由此可以激发学生的学习兴趣和学习积极性，让学生体会到统计的价值和用途。

数据分析不仅要立足于学生的生活经验，还可以结合当下的现实社会背景，体现数据分析的特色和广泛的用途。例如，"新冠肺炎"疫情让人们的学习和生活都受到了巨大的影响，全国的学生都在家学习了几个月的网课。疫情期间正好需要用到许多统计知识，那个时候新闻每天都会公布确诊人数、新增人数、物资捐赠情况等。在这样的社会背景下，教师要把握好这样的教育契机，让学生们在关注疫情走向的同时，也能参与数据的收集、整理和分析。北师大版四年级教材中有"数据的表示和分析"一课，于是，我布置学生在家收集2月（某段时间）深圳"新冠肺炎"每日的确诊数。学生非常积极，每日关注着疫情的变化情况，绘制好表格定时填写，有些学生甚至在看到确诊数增多时叹息起来，心里很担忧。这时也有其他学生在加油打气，相信在祖国人民的共同努力下一定可以战胜疫情……这些收集数据时学生产生的情感是我意料之外的，但又非常让人动容。立足于当下现实社会背景的学习，让学生成为学习的主体，带着数学的眼光去看待身边的事物，身临其境，切实体会，学生的数据分析观念也油然而生。

二、掌握统计方法，体会数据分析的价值

数据分析观念中第二点是："了解对于同样的数据可以有多种分析的方法，需要根据问题的背景选择合适的方法。"学生在收集完数据时已经迫不及待地想展示和交流，但面对五花八门的数据表示方法，学生不禁有疑问：怎样的表示方法最好？我们知道，统计的方法是多样的，小学阶段常用的统计方法有统计表和统计图，而统计图又分为条形统计图、折线统计图、扇形统计图，这些方法并没有好坏之分，只有合不合适。

下面是"数据的表示和分析"教学片段。

师：根据以上的调查结果，你能知道哪些数学信息？还有其他的数据表示方法吗？

生1：2月份疫情基本每日都有增加，确诊数越来越大。

生2：统计表虽然也能表示数据的多少，但我发现数据越多，表格看起来越复杂，而且不能直观地比较数据之间的关系。

生3：我还看过其他的统计方法，例如条形统计图、折线统计图，我在爸爸看股票的时候看过。（全班大笑）

师：看来同学们的生活经验可真丰富。下面我们根据统计表的数据，一起绘制条形统计图和折线统计图，并分析这些数据的特征吧。

从以上教学片段我们可以发现，学生们的生活经验是非常丰富的，思维是非常灵活的。而且生活在深圳的孩子，像股票图这些在他们生活中可能是常见，在学习统计图的时候自然会把它联系起来。"新冠肺炎"确诊数据的话题非常有效地激起了孩子们的学习兴趣，在绘制统计图的时候非常认真。在学生们探究绘制时，我适当提醒横纵坐标分别应该表示什么、每格表示多少数据比较合适等问题，绘制完后小组之间交流。绘制出来的统计图要能够让别人看懂、能够清晰准确地表示出数据，不会产生其他误解，这样的统计图才算绘制成功。通过展示之后，学生们纷纷发表自己对疫情的分析，有学生认为，数据一直呈上升趋势，猜想确诊病例可能还会继续增加，但相信总会迎来拐点慢慢下降的。有学生总结出绘制统计图的方法：绘制统计图一定要有横纵坐标，横坐标表示日期，纵坐标就表示确诊人数，并且坐标的刻度要平均；要有标题，让别人一看就清晰了然；折线统计图要先描点再连线；条形统计图能更直观地表示数据的多少，折线统计图更能直接体现数据的变化。在整节课的学习中，大部分学生都积极地思考，以下节选部分精彩的学生发言。

生1：我觉得这个统计图还不够完善，虽然确诊病例越来越多，但是也有治愈的，如果可以同时表示出来，就可以对比疫情是否有好转了。

生2：我们可以收集治愈病例数据，然后在统计图用不同颜色绘制出来，放在一起更好分析。

生3：不仅"新冠肺炎"确诊数可以用统计的方法分析数据，生活中还有很多需要用到统计图来分析数据的。例如，我们可以统计网课后学生的近视人数、疫情期间人们的网购情况、分析深圳的房价走向等。总之，我觉得学会数据的表示和分析很有用，可以让我们了解很多局势。

生4：看到一直上升的数据，我觉得有些难过。不过每次在电视上看到奋战在前线的白衣天使和不计回报的义工英雄们，我心里都充满感动和尊敬。

在调查、收集、绘制、分析数据的过程中，学生全程参与，积极思考，并在一次次的探究和讨论中碰撞出让人惊喜的火花。在这样的学习探索过程中，能让学生逐步体会到"数据的表示和分析"的实际价值，提高数据分析观念，并学会应用于生活当中。在整节课中，很多学生的想法在我意料之外，这让我明白，学生的潜力是无限的，老师应该相信学生，善于引导学生，放手让学生去探究和思考，让学生真正成为学习的主体，那么数学学习将不再枯燥，而是灵活存在于身边。

三、渗透数学文化教育，提升数学的教育价值

数学不仅是研究数量和空间关系的科学，数学还是一门充满人文精神的科学。上面举例的"数据的表示和分析"教学中，学生最初从自身关切的话题入手，调查和收集"新冠肺炎"确诊数。当收集到大量数据时，学生思考数据统计的优化方法，可能产生困顿而需要交流想法，或者会结合平时的生活经验，进一步去尝试和探究。这个时候已经激发起了学生的学习兴趣，我们应给予学生充分的时间去完成这个学习过程。之后学生渐渐地掌握了统计图的不同表示方法和作用，体会到了数据产生的必要性和应用价值，也提高了学生的数据分析观念。此外，在这节课中我们还发现学生对数据背景也产生了很强烈的情感态度和价值观。看着这些数据在上升，学生会不自觉地感叹，他们懂得这些数据的背后是一条条鲜活的珍贵的生命，他们懂得白衣天使不计辛劳的付出，他们看到防疫现场的视频会忍不住泪目，他们看到祖国的团结强大会忍不住地感到自豪，他们可能在心里已经默默埋下感恩和奉献的种子……正是这样的情感体验和文化渗

透，让数学不再枯燥无味，而是集理性和感性为一体，提升了其数学教育价值。

现代社会给学生呈现了丰富多彩的学习资源，开阔了学生的视野，给他提供了丰富的生活经验，所以教师更应该做好教育教学主导者，以学生为主体，让学生在数学化和再创造的过程中建构知识体系，获得积极的情感体验，提升数学核心素养。

第二辑
"小先生制"与和谐课堂教学案例研究

《荷叶圆圆》教学设计

管婷婷

教学目标

认识"珠、摇"等12个生字，会写"机"字。

理解文意，把握课文内容。

正确、流利、有感情地朗读课文，背诵课文。

本课采用个性化教学，运用圈点勾画法、自主学习法、读书指导法等方法以学生原有的知识经验为基础展开教学，通过创设情境，激发学生的阅读兴趣，引领学生自读自悟。设计充分尊重学生独特的感受、体验和理解，让学生自己对课文内容的领悟取代教材的讲解分析，让学生自己的独立思考取代统一答案，整个过程有助于张扬学生个性，激发学生朗读兴趣。

教学重点

认识本课的生字。

通过联系生活实际、做动作等方式理解词语的意思；仿照"荷叶圆圆的、绿绿的"的句式说话。

教学难点

初步感受、体验生活的童真童趣。

教学课时

1课时（第一课时）

课前准备

老师课前准备：多媒体课件、各种贴图及简笔画的练习。

学生课前准备：预习课文。

教材分析

部编本语文一年级下册第十三课《荷叶圆圆》是一篇优美的散文诗，

语言优美，想象丰富。文中圆圆的、绿绿的荷叶成了小水珠的摇篮，小蜻蜓的停机坪、小青蛙的歌台、小鱼儿的凉伞。全文字里行间都洋溢着童真童趣，让读者感受夏天的美好。本单元围绕"夏天"这个主题编排了故事，用从不同角度描绘出夏天的特点的三篇文章，让我们感受到夏天的美好。一年级孩子经过上学期的学习，对课文的朗读已经有了一定的语感，对于基本的流利朗读没有问题。一年级孩子拥有丰富的想象力，对于图片、动作等有比较强的代入感以及参与感，因此课文设计时抓住一年级孩子的特点，把动作融入朗读，并用生动的图片、贴图等吸引孩子的注意力。本课的插图色彩明丽，情节性强，与课文内容相映成趣。本文在表达上也很有特点。第一自然段中"荷叶圆圆的、绿绿的。"一句既符合一年级孩子的语言习惯，又能感受到句式表达的多样性。通过联系生活实际、做动作等方式理解词语的意思，并仿照相应的句式说话。

一、谜语设趣，学习字词

师：同学们，在上课前老师想先考你们一个谜语，请看谜语：圆圆大绿盘，浮在水面上，水珠拿他当摇篮，小鱼拿他当凉伞。谜底是什么？

生：荷叶。

师：同学们猜得真准确，今天我们就来学习跟荷叶有关的课文，第十三课《荷叶圆圆》。

师：举起手，准备写。一起来跟老师写题目。（第十三课，荷叶圆圆）

生：书空。

师：一起跟老师读，第十三课《荷叶圆圆》，全班齐读。

接下来老师想分三关来检查你们的预习情况，你们敢接受老师的挑战吗？

生：敢！

师：有信心吗？

生：有。

师：好，请看第一关，带拼音认读，谁可以？（我可以）（小火车在哪

里 小火车在这里）这列火车朝我开。（单人来 全班跟读）

师：带着拼音读同学们没问题，那去掉拼音你们还能闯关成功吗？（能）

生：小火车在哪里，小火车在这里。（双人一起来 全班跟读）

师：去掉拼音难不倒同学们，那组词读你们敢闯第三关吗？（敢）请看第三关抢气球，看谁反应最快，游戏准备，开始！

全班齐抢。

师：同学们读得真准确，老师很想宣布你们顺利通关，但是啊我们有一个生字不同意，他说同学们要掌握了它，才算真正通关。我们一起来看看这个生字宝宝是（躺），第一个问题中的"躺"的结构是（左右 结构），偏旁是（身字旁）。

那大家有没有发现我们的身字做偏旁有什么变化？（解释）（故事展开）

老师还列举了几个身字旁的字，请同学们猜猜身字旁的字都和什么有关系？

生：身体。

师：同学们真是太棒了，把掌声送给自己，老师正式宣布你们顺利通关。

好了，刚刚荷叶姐姐看到我们精彩的表现，要带我们去她的游乐园玩耍，那里可热闹了，想去吗。

生：想。

师：那让我们一起走进这热闹的游乐园！

二、初读课文，疏通脉络

师：请同学翻开书本70页，听老师范读课文，听老师读的同时，注意老师的要求。

（生听老师范读，标段并圈出荷叶姐姐的朋友。师巡视指导。）

师：（时间到 我知道）生停笔。

师：好，在这热闹的游乐园里，荷叶姐姐都有哪些好朋友呢？

生：点人回答。（小水珠、小蜻蜓、小青蛙和小鱼儿）

（教师根据学生的回答现场画相应的简笔画。）

师：好了，其实啊，我们的第十三课就讲述了荷叶姐姐和她的好朋友之间的有趣故事。大家想读吗？

生：想。

师：好，请同学们自由朗读课文，把课文读通读顺，并找出这些小伙伴把荷叶当作了什么？用方框框起来。

（学生自由朗读圈画，教师巡视指导。）

师：好，那谁能回答老师提出的问题，这些小伙伴都把荷叶当作了什么呢？老师这里准备了一些卡片，我想请四位同学来帮帮老师。随机分配板贴。

（四位学生上来贴，其他同学认真观看。这四位同学都很棒，又准确又迅速地找到了相应的位置。）

师：同学们啊，大家看看这就是四位小伙伴共同的好朋友——荷叶。这是一片怎么样的荷叶呢？请举手回答，用你所积累的词语来回答。

生：圆圆的、绿绿的、大大的、青青的……

师：同学们给老师齐读一下这句话。（生齐读）这句话的前半句写的是什么？

生：荷叶的形状。

师：后半句写的是荷叶的（颜色）。

师：谁能用这样的句式说苹果？（生回答）

师：说得多好。我们可以不用苹果来说，有谁能试试？来，你说。（生自由说）

师：说得好不好？好，老师想再请一位同学来说一说。（表扬他，顶呱呱）

我们班的仿句小能手可真多，荷叶姐姐想立刻介绍她的好朋友给我们认识呢！

三、再读课文 理清思路

师：首先出场的好朋友是（小水珠），（带读小水珠）请全班再齐读一下第二自然段，看看我们的小水珠是怎么和荷叶姐姐玩耍的。（生齐读）

师：回答刚刚的问题，老师想问一下同学们，妈妈有没有抱过你？

生：有。

师：哪位同学可以说说是什么感觉吗？

生：舒服、有爱、温暖的感觉。

师：没错，这种感觉就像婴儿躺在（摇篮）里睡觉一样，小水珠也把荷叶当作（摇篮），还眨着什么呀？（亮晶晶的眼睛）

让我们带着小水珠这种舒服的感觉，再来齐读一遍课文。啊！真舒服呀，我们的小水珠是怎样在荷叶上的？

生：躺。

师：没错，我们的小水珠舒服地躺在荷叶上，哪位小老师可以边做动作，边读第二自然段呢。（生积极做动作）请一位同学来做。（师点评动作）（做得很到位，还有补充的）

师：感谢小老师给我们编动作，我们一起跟着小老师的动作，一起边读边把动作做出来。

师：请坐，同学们都做得很好，所以荷叶姐姐的第二位好朋友迫不及待地想出来跟大家见面了呢，请女生来齐读一下第三自然段。（女生齐读）

那请一位男同学来回答小蜻蜓怎么和荷叶玩耍的呢？（生回答立，师板书），小蜻蜓立在荷叶上，展开（透明的翅膀）。（找得很准确，请坐）

师：停机坪，（跟着老师读停机坪）文中的停机坪是什么样子的？请看图片，停机坪的样子是不是和小蜻蜓很像？（是）知道了停机坪的意思，谁能边读课文边把蜻蜓玩耍的动作做出来呢？（生展示立、展开等动作）

师：真是一只可爱的小蜻蜓啊，读得很投入，动作也很到位。让我们一起再来齐读第三自然段，把动作融入朗读，感受蜻蜓的可爱。全班起立。

师：请坐。接下来要出场的是我们的（小青蛙），请男生齐读一下第四自然段。好，请同学来把青蛙和荷叶玩耍的动作直接做出来，其他同学来猜。（请一位同学上来演小青蛙下蹲的姿势，其余同学一起回答，师板书）

这位同学演得真到位，我们一眼就可以得出答案了，小青蛙是蹲在荷叶上，呱呱地放声歌唱。那哪位同学可以猜猜我们的小青蛙在唱什么呢？（想象力真丰富）

让我们在齐读一遍第四自然段，记得把我们的动作做出来。

师：最后出场的是我们的小鱼儿，全班齐读第五自然段后告诉老师小鱼儿的动作是什么？

生齐读。

生齐答：游。

师板书。

请问同学们，小鱼儿的心情怎么样？

生：开心。

师：从哪个词可以看出？

生：笑嘻嘻。

师：哪位小朋友可以来演一下小鱼儿，把他的开心演出来？（演得真好，把掌声送给他，表情真到位）

那我们一起再来感受一下小鱼儿的开心。（小鱼儿说：预备起）我们一起当当小鱼儿。老师一起做动作。

四、总结全文，讲练结合

师：同学们个个都是小小演员，把掌声送给自己，同学们学得很认真，很投入，你们能不能根据老师的板书内容，按照这样子的句式来说说课文内容呢？（完整，照例子）

小水珠躺在荷叶上，把荷叶当作摇篮。

小蜻蜓_____

小青蛙_____

小鱼儿_____

师：同学们真是太能干了，既能说完整话，又能准确地表达课文内容，但好记性不如烂笔头，让我们拿出老师发给你们的学习检测单，完成一、二大题。看谁完成得又好又快，完成的同学用坐姿告诉老师。

（学生做题，老师巡视、讲题。）

师：两题都做全对的同学可以先给自己画一颗星。

五、书写生字，及时评价

师：同学们既是说话小能手，又是朗读小能手，老师相信你们还是写字小能手。我们这节课来学习"机"这个字，请大家仔细观察这个字。

生：横折弯钩，左右结构。

师：你们观察得可真细致，那么有没有同学可以告诉老师写"机"字需要注意什么呢？（生回答，师补充）

师：请一位同学来告诉老师笔顺是什么？

（生回答，师写田字格）

师：请全班同学跟着老师再来一遍。（举起手，准备写）谁能组词？

生：机会、飞机……

师：请同学们拿出练习纸，把"机"这个字描一个，写两个，看谁写得最漂亮。

（生写字，师提醒姿势并巡视）（铅笔写完 放回）

教师展示写得好的作品，点评可改进的作品。

师：好，这节课上到这里，下节课我们一起来分角色扮演，下课！

六、作业布置

朗读课文，背诵课文。看谁最快拿到最后一颗星。

回家把这个故事演给爸爸妈妈看。

七、板书设计

小水珠　　躺　　摇篮

小蜻蜓　　立　　停机坪

小青蛙　　蹲　　歌台

小鱼儿　　游　　凉伞

八、教学总结

总结本节课的教学，我侧重培养孩子以下几个方面的能力：

首先，注重培养学生读的能力，做到有感情朗读。对于一年级学生而言，语文教学应培养他们喜欢阅读、敢于阅读、乐于阅读的愿望。由于本课篇幅较短，大部分学生在预习过程中就已基本熟读能背了，所以课上着重练习孩子的有感情朗读。想让孩子们读出感情就得让他们走进文本，理解文意、喜欢文中的角色。再加上一些动作在朗读里，在朗读中自然流露，为学生创设活泼生动的乐学氛围。

其次，培养学生说话表达的能力。我及时地给已经在阅读课文中得到许多启示的学生提供展示的机会，通过仿句练习和说话练习，训练孩子根据板书内容概括文章内容并进行说话训练的能力。虽然注重了学生这几方面能力的培养，但这节课需要改进的地方还有很多。比如，每个环节的过渡语不够精彩，没能把每个知识点很好地连接起来吸引住学生；指导朗读过于表面，效果不明显；评价方式还可以多样化一些；在调节孩子们的学习兴趣以及学习劲头方面还得再下功夫。

《什么是面积》网课教学设计

赵晓娥

由于疫情期间孩子们只能宅在家里学习，没有面对面交流的对象，只有冷冰冰不会说话的屏幕，如何激发学生的学习兴趣，调动孩子学习的积极性，如何组织教学才能让孩子们更好地参与空中课堂的互动，从而形成面积概念，这是我备课的出发点。

教学目标

1.参与认知过程活动，认识图形面积的含义。

2.经历比较两个图形面积大小的过程，体验比较策略的多样性。

3.在活动中提高动手操作能力、分析综合能力和初步的空间观念。

教学重点

结合实例理解面积的含义。

教学难点

探索比较两个图形面积大小的方法，体验比较策略的多样性。

课前准备

多媒体课件，数学书、笔盒、1元硬币；剪刀、直尺、水彩笔；课本附页2的图3。

一、创设情境

（一）谈话引入

师：小朋友们，这是深圳市行政区划图，你能找到自己家所在的区域吗？你还有什么别的发现吗？

生1：我发现光明区比福田区大。

生2：我发现光明区比宝安区小。

师：你们所说的大小指的是什么？

生：这个区域围起来的里面的这部分比较大。（把学生的注意力引导"面"上来。）

师：看来生活中物体的面是有大有小的。

（二）比较面的大小游戏

师：请小朋友们拿出课前准备好的数学书、笔盒、练习本及1枚1元硬币。先摸一摸这些物体上面平平的面，再比一比谁的面比较大？最后按从大到小的顺序摆一摆。（按下暂停键，动手试试）

比较面积的大小

生边摸边说：这是数学书的封面，这是笔盒的表面，这是练习本的封面，这是硬币的表面。最大的是数学书的封面，比数学书小一点的是练习本的封面，第三大的是笔盒的表面，最小的是硬币的表面。

【设计意图：通过"看地图""摸、比、摆"的活动，初步感知面积概念，通过情境的创设激发学生的学习积极性。】

二、探索新知

（一）初步感知面积概念

师：通过刚才几种物体面的大小比较，我们知道了物体的表面是有大小的。物体表面的大小就是物体的面积。在我们周围有没有物体的面、你能找一找、摸一摸并说一说它们的面积吗？（按下暂停键，在四周找找看）

生1：门表面的大小就是门表面的面积；

生2：树叶表面的大小就是树叶的面积；

生3：黑板表面的大小就是黑板的面积。

（二）感知面积的第二层含义

师：物体的表面都有自己的面积，把这些平平的面画下来就是我们数学中的各种图形。那图形里面这部分的大小就是图形的面积。

平面图形的面积

师：请小朋友们画一个自己喜欢的图形，并把图形里面表示面积的那部分涂上颜色。（按下暂停键，动手画一画，涂一涂，并说一说）

生1：我画了一个圆形的笔筒底面，这部分是笔筒底面的面积。

生2：我画了一个爱心形状的收纳盒底面，这部分是它的面积。

生3：我画了笔盒的底面，是长方形的，这部分是笔盒底面的面积。

生4：我画了一个这样的图形，发现涂色时涂到外面了。

（对于这种做法，我没有及时否认，也没有正面评价，引导学生讨论交流。）

出示图：

异形图

师：有位同学涂色时遇到了困难，大家看看问题出在哪里？

生1：这个图形没有连起来。

生2：这个图形没有密封。

生3：这个图形不是封闭图形。

（在思考交流中引出只有"封闭图形"的大小可以测量比较。）

【设计意图：这个环节我会引导学生去体验、感悟。充分运用身边的教学资源，比如门、学习用品等实物，让学生去画一画，比一比，帮助学生获得正确、完整、丰富的表象，使抽象的概念具体化、形象化，帮助学生在感性经验的支撑下深刻地建立起面积的概念】

（三）动手操作、比较大小，正确理解面积的意义

1.直接观察比较

师：一起来比一比下面图形的面积谁大谁小？

出示几组大小悬殊的图形，观察比较几组图形面积的大小。（课件动态演示几组图形重叠比较的过程）

比较图形面积大小

2.借助工具比较

出示长方形和正方形，师：猜一猜，哪个图形面积大些？

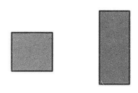

比较图形面积大小

生1：正方形面积比较大。

生2：长方形面积比较大。

生3：正方形比较宽，长方形有点长，面积可能一样大吧。

师：同学们有不同的看法，可见光凭眼睛看无法确定哪个图形的面积比较大。你能想到比较这两个图形面积的方法吗？（按下暂停键，思考一下）

师：请拿出课前剪好的长方形和正方形，选择合适的工具想办法来比较。

引导学生选择剪刀、尺子、小图形等去寻找验证策略。（按下暂停键，动手试试）

生1：我将两个图形重叠，然后把剩下的部分剪下来，再重叠进行比较，发现正方形的面积大一点。

师：这位同学的思路很清晰，他用到的方法在数学上叫剪拼法。

生2：我用了摆图形的方法，但好像比不出来。

师：这位同学的方法问题出在哪里呢？

生3：他用摆三角形的方法，可是三角形有的大，有的小，比较不出来。

师：用摆图形这种方法的前提要统一大小，还有别的方法吗？

生4：我用摆圆形的方法来比较，正方形摆了9个，长方形摆了8个，所以正方形的面积比较大。

生5：我也是用摆图形的方法，不过我摆的是小正方形，发现大正方形摆了16个，长方形摆了15个。所以正方形的面积比较大。我觉得这个方法比生4的要准确。

师：生5说他的方法比生4的准确，你们怎么认为？

生6：我也觉得生5的方法比较准确，因为生4用摆圆形的方法还有空隙，容易出现误差，而生5的方法用正方形去测量就没有这个问题。

师：看来选择摆图形还要选择合适的才行，还有别的思路吗？

生7：我用了计算的方法，先量出每条边的长度，再把它们加起来，得到正方形是16，长方形也是16，它们是一样大的，怎么跟你们的结果不一样呢？

生8：这位同学计算的是图形的周长，不是面积。

生9：周长表示的是图形边线长度的和，而面积是图形里面的大小，是不一样的。

3.梳理方法

师：这些比较面积大小的方法，你比较喜欢哪一种？

生1：我喜欢剪拼法，容易操作。

生2：我觉得剪拼法有局限性，要求图形可以移动，而且可以剪开才行。

生3：我喜欢摆正方形方法，因为四条边长度相等，量起来比较准确。

（此时，学生的思路在于对方法的比较，在七嘴八舌的议论中，已经引出用大小一样的正方形的方法来确定面积大小比较合适，利用知识之间的迁移，为后面学习面积单位打下基础。）

【设计意图：通过预设学生的亲自操作，让孩子们获得去探索数学的体验，培养了学生的探索意识。利用多种比较方法（"观察法""剪拼法""摆图形""数格子""统一标准"），让学生参与了交流活动，在交流中学生认识到比较的方法是多种多样的，但要"统一标准"，从而顺利验证猜一猜的答案，体验了比较策略的多样性。】

三、实践应用（布置作业）

直观感受图形面积的大小。

用方砖铺地，哪块空地用的方砖最少？

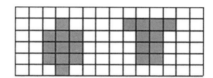

比较图形面积大小

喜羊羊和沸羊羊参加除草和赛跑比赛是否分平，为什么？

除草：喜羊羊除A区，沸羊羊除B区。

赛跑：喜羊羊绕A区跑一圈，沸羊羊绕B区跑一圈。

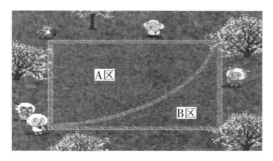

比较图形面积大小

【设计意图：让学生进一步巩固对面积的认识，通过周长和面积的比较练习，让学生再次巩固所学的知识，达到充分吸收掌握的目的】

四、走进生活，感受身边处处都有数学

课件播放手掌面积、电视屏幕、电影院屏幕、钟面、手表面、户型面积、国土面积及各种尺寸的蛋糕表面、各款华为手机屏的对比图。

五、课后解读

为了使线上教学不枯燥，既让学生主动获取知识又实效性强，本节课的设计不拘泥于教材上的内容，设计由浅入深，引导学生积极参与、动手操作、主动思考。主要体现在以下几点：

（一）注重数学与生活的紧密联系

课伊始，由"深圳市行政区划图"的谈话引入，充分调动学生的学习积极性，接着让学生比一比数学书、练习本、笔盒和硬币等封面的大小，并摸一摸，摆一摆，初步感知面有大小。然后让学生充分运用身边的实物去说，增强了学生的感性认识，降低了学生理解的难度，符合学生以形象思维为主的特点，帮助学生获得正确、完整、丰富的表象，使学生在感性经验的支撑下深刻地建立起面积的表象。

（二）注重解决问题策略的多样化

当学生认识了面积的含义之后，出示几组大小悬殊的图形面积加以比较，这个可以直接用眼睛观察。当比较正方形和长方形时不能直接观察了，就启发学生思考比较的方法。为了让学生体验比较面积大小策略的多样性，在录制微课时我先预设学生可能出现的几种比较方法，比如将两个图形重叠后，对剩余部分进行比较；有的可能用三角形、圆片摆一摆、数一数；有的用小正方形来拼摆，还有可能量边相加的方法，引起学生的认知冲突，在交流体验中让孩子们认识到比较的方法是多种多样的，但要"统一标准"，体验了比较策略的多样性。

《最喜欢的水果》教学设计

李思惠

教学目标

继续学习收集与整理数据，体验解决问题策略的多样性。

经历统计的过程，体验利用统计结果进行判断与决策的过程，能根据记录的数据回答问题。

激发学生参与调查和记录活动的兴趣，培养学生的统计意识，提高解决问题的能力。

教学重点

会用"正"字的记录方法，经历统计的过程。

教学难点

用"正"字进行记录。

一、情创设情境，激发兴趣

师：班级要举办美食班会，除了其他美食，不可少的是水果，水果含有丰富的营养。老师带来了四种水果，你最喜欢哪种水果呢？

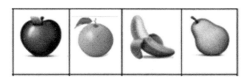

苹果、橘子、香蕉、梨

【设计意图：创设开美食班会的活动引入，激发学生兴趣。为后面如何买最喜欢的水果做铺垫。】

师：应该怎么买水果呢？哪一种多买些？哪一种少买些？有什么好的

办法吗?

【设计意图：引发学生质疑，最喜欢的水果不是自己最喜欢的水果，而是应该选全班最喜欢的水果，在谈话中使学生感到必须进行调查才能得出结果，让学生体会到统计的目的，从而培养学生初步的统计意识。】

二、亲历体验，探索新知

（一）投票选举，收集数据

师：每个同学都有一张投票单，请你在最喜欢的一种水果下面打√，要求只能选一个。完成的最后一个同学收上来。

投票单

姓名：

你最喜欢吃哪种水果，请在下面画"√"（只选一个）

（二）统计整理数据，完成统计表

师：同学们都为自己爱吃的水果投了票，下面我们来唱票。

要求：老师读出同学们所选水果的名称，学生在记录单上记录一种水果，用你喜欢的方法记录，一票只念一次。

记录单

用你喜欢的方法记录我们班级的投票结果吧。

水果	(苹果)	(橘子)	(香蕉)	(梨)
记录				
人数				

一共有____人参与投票

（三）反馈信息进行比较

师：请同学们上来分享自己是怎么记录的。

（学生汇报，有的用图形，有的用竖线，有的用圆圈，有的用正字记录。）

师："正"字记录法每一笔表示什么呢？"正"字记录可以几个几个数？你最喜欢哪种方法，为什么？

小结："正"字方法不但写起来方便，而且数起来也很方便

【设计意图：让学生经历调查、统计的过程，体验收集、整理数据的过程，进一步学习本节课的重点"正"字记录法，感受"正"字记录法的方便，培养学生的统计意识。】

三、根据统计表，解决问题

（一）证数据

师：我们怎么知道全班每个人都参与投票了呢？

说明记录统计数据的时候要非常认真、仔细。

（二）提出问题

师：根据对我们班最喜欢吃水果的统计，你建议老师该怎么买水果？

【设计意图：让学生体验利用统计结果进行判断与决策的过程，能根据记录的数据回答解决问题，提高学生的解决问题能力。】

四、巩固练习，保持学习兴趣

师：这节课调查了我们班同学最喜欢的水果，学习了"正"字统计法，下面我们一起来用一用。还是同学们最喜欢的水果的票数，我们选20票，全班一起用"正"字统计法。（请个同学黑板上板书）

师：下面是明明记录了一个月的天气情况，请同学们将记录结果填入表格中，并回答问题。

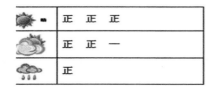

天气	☀	⛅	🌧
天数	15	11	5

这个月一共有（31）天。

🌧 比 ☀ 少（10）天。

书本89页练习。

【设计意图：利于学生对知识的迁移与运用，对知识进一步的巩固，学会用正字记录法用于生活当中。】

五、总结与主题升华

师：大家来谈一谈这节课的收获。

除了"正"字统计的方法，还有许多统计方法，我们可以用这些统计的方法记录一些事情的变化。比如，疫情、旅游人数变化等，也可以用这些统计记录祖国40年来的变化（观看视频）。

祖国正在高速发展，希望同学们能够学到更多的知识，打开我们祖国新的篇章。

【设计意图：知识拓展，让学生了解统计就在我们的生活中，它来源于生活，用于生活，激发学生参与调查记录活动的兴趣。】

《池上》教学设计

卢淑芬

教材分析

《池上》描绘的是诗人在夏天的所见，是一首叙事诗。《池上》秉承白居易诗作通俗平易的叙事风格，用白描的手法，寥寥几笔勾勒出一个小孩儿偷采白莲又不知隐藏踪迹的顽皮、可爱的形象。诗歌动静结合，情景交融。诗中最传神的是"不解藏踪迹"一句，写尽小童顽皮、纯真的情态。诗歌语言浅显易懂，对仗工整，适合学生吟诵积累。文中的中国画与古诗相配，诗中景物与画中景物——对应，诗画的融合清新雅致，意境悠远，给学生以传统文化的熏陶。在学生熟读诗句的基础上，对照课文插图，帮助学生了解诗歌大意，同时联系生活实际读懂诗中"偷、采、不解、踪迹"等关键词语的意思，感受诗中蕴含的情趣。

教学目标

认识"采、浮、萍、踪、迹"5个生字，正确书写"采"。

能正确、流利地朗读古诗《池上》，并能背诵积累。

教学重难点

通过图文结合、联系生活经验等方法理解"采、踪迹"等词语的意思，初步感知古诗描述的景象，体会小娃的童真与顽皮。

教学用具

多媒体课件、生字卡片。

教学时间

共1课时。

一、积累引入，以旧带新

（课件出示荷塘及荷花图片）

初夏时节，池塘里的荷花已露出尖尖的角，让人想起我们背过的杨万里的名作《小池》："小荷才露尖尖角，早有蜻蜓立上头。"有的已经露出了绿色的莲蓬，又让我们想起《江南》："江南可采莲，莲叶何田田。"满池的荷花，让人想起杨万里的另一首诗："接天莲叶无穷碧，映日荷花别样红。"

【设计意图：由诗人杨万里的《小池》为本课进行铺垫，以旧带新，降低学习难度，提高学习兴趣。让学生收集关于荷花的诗句，培养学生的收集和处理信息的能力。】

二、初读古诗，感受节奏，书写"采"

（一）解题

白居易有一天来到荷塘边，无意中看到了塘里发生的一件事，就把它写了下来，题为《池上》。（板书：池上）

齐读诗题。

"池上"是什么意思？

（二）了解作者

白居易，字乐天，号香山居士，河南新郑人。有"诗魔"和"诗王"之称，他一生写诗3600多首，是唐朝写诗最多的诗人。

据说，白居易每有新作，先读于村中不识字的老婆婆听，若老婆婆稍有不懂，白居易就重新修改，直到老婆婆听懂为止。连不识字的老婆婆都能听懂，我们难道不能学会？

（三）自由读

朗读《池上》，画出生字宝宝，要读准字音，读通诗句，难读的字做上记号多读几遍。想一想荷花池里发生了一个什么故事？

（四）生字词学习

学习生字"采"。"采"是一个会意字，它就像是一只手正从树上采摘果实。因此它的本义就是用手指或者指尖轻轻摘取。写笔顺、组词，并观察"采"在田字格中的位置。爪字头的撇是横撇，注意横撇下面三个笔画的方向。在语文书上先描一遍，再临写两遍。（学生练写，教师巡视指导）书写之前要静下心来，摆好笔和本子，身子坐端正，两手轻轻放桌子上。

瞧！满池的莲花、莲蓬多美啊，你还想欣赏吗？就得先念准他们的名字，那些漂亮的莲花、莲蓬才能永远属于你，留在你的心里，有信心吗？

玩青蛙跳伞游戏，让学生灵活掌握本课生字。（速度加快、去掉拼音）

咱们把生字带进诗中再读一读。

师范读，生感受平仄。

老师也想和你们比试一下！（师带节奏范读）

老师读的和你们读的有什么区别？这是诗歌的节奏。

（师生共读，感受诗歌的节奏美。）

【设计意图：课程标准要求第二学段的学生要"能联系上下文，理解词句的意思，领会课文中关键词句在表情达意方面的作用。能借助字典、词典和生活积累，理解生词的意义。"学生通过借助甲骨文理解"采"的含义，进而理解古诗的意思，培养自主探究的能力。】

三、图文结合，初知大意

（一）学习第一句

自由轻声诵读古诗，边读边想象画面，并交流"看到"的画面。

（二）介绍白莲

（三）提问

你们觉得这句诗里哪个字最有意思？（板书：偷）

小娃娃背着大人去荷塘偷采白莲，他心里会怎么想？（很开心，很快乐）

这里"偷"和我们平时说的"偷东西"的"偷"一样吗？

摘录了"偷"在字典中的三种解释，你觉得这儿的"偷"该选哪一个？

请同学当当小娃来演一演采白莲的动作，感受小娃偷采白莲时候既忐忑又高兴的心情。（边读边做动作——悄悄地采莲）

小娃"偷采白莲"回去了，大人会不会发现这件事？你是从诗中的哪句话里看出来的？学习后一句，伴着配乐，看图读诗句——不解藏踪迹，浮萍一道开。

（四）诗画对应，教学"踪迹"

出示《雪地里的小画家》等3幅图片说说这都是谁留下的踪迹？

练习说话：＿＿＿＿＿＿是＿＿＿＿＿留下的踪迹。

在图中找找小娃留下的踪迹，理解"踪迹"在诗中的意思是指船开过后留下的痕迹。

（五）抓住"不解"体会小娃的纯真、质朴，练习读出情趣

1.小娃娃有没有想到要"藏踪迹"呢？你从哪里知道的？

"不解"就是"不懂得"。小娃还不懂得要"藏踪迹"呀！这只是他童年的一场游戏。（板书：不解）

2.小娃知道自己被发现吗？

多有趣、多可爱的孩子！自己已被别人发现，还不知道，还在偷着乐。你们有过这样的经历吗？谁来说说。

大家就和诗里的小娃一样——可爱，自己瞒着大人做的事，被别人发现，自己还不知道，还在偷着乐，这就是天真，这就是童趣。让我们好好读读这两句。

3.诗里的小娃是一个怎样的孩子呢？你仿佛看到了一个怎样的孩子？（板书：天真可爱）

（六）猜诗人

诗中不仅藏着一幅幅美丽的、有趣的画面，还藏着一个人呢！猜，他是谁？

你猜白居易此时正在岸边干什么？（窥视、偷笑）

我来采访一下：请问白老先生，您为什么在偷偷地看，偷偷地乐？（这小孩好玩，可爱。白居易太喜欢这个孩子了。看着这个孩子想起了自己的童年。看到这个孩子在笑，白居易也被逗笑了。）

（七）悟情感

1.这首诗里不仅藏着一个人，还藏着一份情呢。

白居易对孩子的喜爱之情、对童年的留恋。（板书"童趣"）

2.让我们带着这份情、这份趣来诵读。

【设计意图：对古诗教学而言，需要创设情境，感受诗情画意。边读诗句边做动作，一幅生动的景象便呈现在学生眼前，学法的指导也在不经意中得以强化。另外，课堂有意识地想象补白，可以激起学生思维的火花，激起发散性思维，深化理解诗意。】

四、诵读积累

（一）通过难度递增的填词游戏帮助学生背诵古诗

1.调皮的词语宝宝把踪迹藏在荷叶里了，你能背吗？

小娃撑_____，偷采_____回。不解藏_____，浮萍_____开。

2.又有一些词语宝宝不见了，谁还能背？

____撑_____，___采_____回。____藏_____，_____开。

3.所有词语宝宝都藏起来了，你还能背吗？

（二）去掉文字，看图背诵古诗。

（三）配乐吟古诗。

刚才同学们手舞之，足蹈之，摇头晃脑，你们觉得这样读诗读得有趣吗？那以后，你们也可以用多种形式，把诗读得有趣一些，让学古诗变得轻松有趣好不好？

【设计意图：课程标准要求第二学段的学生要能"诵读优秀诗文，注意在诵读过程中体验情感"，通过熟读成诵，丰富学生的语言积累。】

五、以趣促学，积累巩固

师：童年是一段美好、快乐的时光。古代的儿童和你们一样，一年四季，寒来暑往，除了读书之外，也有许多充满情趣的事情。

瞧，春天去放风筝——(生读)《村居》

孩子们还可以去追蝴蝶——(生读)《宿新市徐公店》

秋天，当然要去逮蟋蟀了——(生读)《夜书所见》

哟，一个小孩子在水边聚精会神钓鱼呢——(生读)《小儿垂钓》

师：自己读读，你喜欢哪句诗中的孩童？你又读出了一幅怎样的画面呢？挑选你最喜欢的一句诗，用彩笔画出诗句描绘的画面，然后给画面配上诗句，让诗画合一，佳作将在分享园中展出。（借助古诗配画学习单，进行现场创作）

【设计意图：推荐学生读有关儿童的诗句，扩大积累，进行知识的延伸，目的是让学生感受童年的乐趣，也激发了学生学诗的兴趣。】

六、作业设计

背诵并默写《池上》。

再搜集一些描写荷花和儿童的诗句，背一背，画一画。

七、板书设计

《编码》教学设计

罗 文

教学内容

北师大版数学四年级上册《数学好玩 编码》

教学目标

结合刑事案件的情境，了解编码的广泛应用，进一步体会"数"在日常生活中的作用，感受数字可以代表不同的意义。

结合刑事案件的情境，通过观察、比较、猜测的方法来探索数字在编码中所表示的具体含义，体验编码中的规则，会运用数描述某些事物的特征，进一步理解数的意义，逐步建立数感。

在编码解决问题的过程中，激发学生的数学探究欲望，发展学生的推理能力和应用意识。

教学重点

知道数字在身份证号编码中表示的具体含义，通过观察、比较、猜测来探索数字编码的简单规则。试着学习运用数进行编码，会运用数描述某些事物的特征。

教学难点

试着制定编码规则，并依据规则进行编码，初步培养抽象、概括能力。

一、情境导入，激发兴趣

师：同学们，看过《今日说法》这个节目吗？今天啊，我们一起走入《今日说法》，来侦破一个案件，一起来看。

二、探索交流，感知编码

（一）破案情境，激趣导学

师：同学们，你认为谁是犯罪分子呢？

预设：我觉得有三个人可能是犯罪分子，第二个、第三个和第五个，因为他们都是1972年出生的。（创设问题情境，有利于学生凭借生活经验主动探索，调动学生探究问题的兴趣。）

师：大家和他的想法一样吗？你们同意他说的吗？

生：同意。

师：身份证号码为什么能帮助我们破案呢？

预设：身份证号码的数字表示不同的含义，可以给我们提供信息。

师：嗯，身份证号码可以给我们提供很多信息，其实像身份证号、银行卡号这样的由一组数字组成的号码，也叫"编码"。（板书课题：编码）

【设计意图："破案推理情境"激发学生的好奇心、求知欲，猜测犯罪分子，充分调动学生学习的积极性，板书主题。】

（二）小组合作探究，学生汇报

师：身份证号码是人们按照一定规则进行排列，编码到底有哪些秘密呢？今天我们一起来探究编码。有谁知道自己的身份证号码？

学生说自己的身份证号。

师：咱们班有没有和他一样的身份证号？全国有没有跟他一样的身份证号？

生：没有。

师：一个身份证号只能他自己使用，说明身份证号是唯一的。（板书：唯一）

师：哪个女生说一下自己身份证号？观察、对比这两组身份证号，结合你的预习，你能说一说身份证号码数字表示的含义吗？（小组讨论，学生汇报）

师：其实咱们可以把身份证前6位表示出生地址的数合在一起称为

"地址码"，表示出生年月日的数统称为"出生日期码"，"出生日期码"后面三位是表示顺序的，我们称之为"顺序码"，最后一位是校验码，称之为"校验码"。

师：一个身份证就是由这四级组成的，从多个角度描述了一个人的信息。（板书：统一、科学、简洁）

（PPT研究残破的身份证，说一遍身份证号码的组成，证明孩子们之前对三位嫌疑人的猜想是对的）

师：通过刚刚我们一起对身份证号的探究，老师还有一个疑问，双胞胎的身份证号一样吗？

预设：不一样，因为顺序码和校验码不一样。

【设计意图：小组合作交流，通过观察、对比、猜想、验证等探究过程，体验编码的一些规则和方法，会运用描述某些事物的特征，进一步理解数的意义，逐步建立数感。】

（三）通过银行卡号，顺利破案

师：刚才大家通过身份证确定了三个嫌疑人，那么到底谁是犯罪分子呢？还得从哪儿入手查案？

生：银行卡号。

师：银行卡号也是编码。

（课件出示信息，观察表格信息后回答）

师：你现在知道谁是真正的犯罪分子了吗？

预设：知道，最后一个。因为他既是1972年出生的，也持有甲银行卡。

师：今天咱们能够顺利破案，正是因为这些编码。

【设计意图：通过环环相扣的破案推理过程，了解编码的一些规则、方法和意义，顺利破案，验证前面学生的猜想，首尾呼应，体会编码的科学性、优越性，尝试解决生活中的实际问题。】

三、联系生活，巩固练习

利用四张身份证，检查学生对身份证信息的掌握情况，学生汇报。

设计学号，学生汇报。

根据学号，写出数字表示的信息。

提升学生利用规则进行编码的能力。

【设计意图：让学生尝试编制号码，自主探索编码规则，是为了让学生体会到编码编排的合理性、科学性。】

四、生活中常见的编码

师：同学们，你还知道生活中哪些常见的编码吗？（观看视频）

【设计意图：认识生活中的编码，进一步让学生体会编码在日常生活中的广泛应用，感受编码在表达与交流中的简明与科学。】

五、课堂小结

师：这节课你有哪些收获？跟大家分享一下。

板书设计

编码

"唯一""统一""科学""简洁"

42 28 27 2009 09 08 023 4

42 28 27 2010 11 09 736 X

省 市 县　年　月　日 顺序码 校验码

地址码　+　出生年月日 + 顺序码 + 校验码

17位：奇数/单数：1、3、5、7、9 ——→ 男

偶数/双数：0、2、4、6、8 ——→ 女

《左右》教学设计

王雨晴

教学目标

知识目标：使学生在生活中领会"左右"的意义，认识左右的位置关系，理解其相对性。

能力目标：培养学生用左右的知识解决实际问题的能力。

情感目标：使学生感受到学习数学的乐趣，从而获得积极的情感体验。

教学重点

认识左右的位置关系，正确确定左右。

教学难点

正确理解左右物体的相对位置与顺序。

一、感知左右

师：老师们都听说一六班的同学上课非常认真，今天啊，他们就想来看看同学们上课的状态，请你们用掌声欢迎来听课的老师。

预设：生鼓掌。

师：你们刚刚鼓掌时，用到了身上的哪一对"好朋友"呢？

预设：左手和右手。

师：是的，左手和右手可是一对好朋友呢。你们能分清这对好朋友吗？一起来看看吧。（出示课件）这一只手是——左手，请你们举起左手，放下。另外一只手是——右手。现在请你们举起右手，放下。请你说一说，平时常用右手做哪些事呢？左手呢？你还能找出身上类似这样的一对

"好朋友"吗?

预设:左耳、右耳;左眼、右眼;左脚、右脚等。

师:你们可真厉害,找到了这么多对好朋友。今天我们就来学习左右(出示有板书的PPT,并板书课题:左右)

二、强化新知,加深左右认识

(一)照样子比画判断左右

师:同学们,请你跟着老师出示的图片,照样子比画一下,并说一说,这是左手还是右手?(一边出示图片,一边让学生跟着做并判断左右。)

师:好多同学都答对了,老师要给全班加上一分。看来你们都已经能区分左右了。现在老师就来考考你们。

师:(出示淘气上楼梯去小明家的图片)请仔细看看,你能在这幅图上找出小明的家吗?(7号,请同学单独回答并说理由)

(二)"我说你做"游戏

师:看来你们都学会左右了,这个还难不倒你们,那我们一起来玩一个小游戏吧!游戏的名字叫作"我说你做",我来说口令,你来做动作。

师:举起你的左手,用你的左手摸一下右耳朵;举起你的右手,用你的右手拍一下你的左腿(出示课件)小朋友们真棒,都做对了,现在我们可要加快速度,加大难度啦!左手摸左耳,右手摸右耳。左手指右眼,右手指左眼,左手拍右腿,右手拍左腿。(加快节奏时边播放音乐,并请两位小朋友上黑板和学生们做同样方向的动作)再请同桌间相互说指令,相互做动作。

(三)快速摆一摆游戏

师:小朋友们,刚刚的游戏好玩吗?还想再玩吗?一起来玩快速摆一摆的游戏吧。听好要求,每次摆好之后,手都要放平身体坐正,用你端正的坐姿告诉老师你摆好了。现在请听口令,请你拿出尺子放在桌子上，请你拿出橡皮放在尺子左边，请你拿出文具盒放在尺子右边，请你拿出铅笔，铅笔要在橡皮的左边，请你拿出数学书，数学书要在文具盒的右边。（学生摆的过程中师巡视，听口令摆好后出示课件，问学生"你摆对了吗"）再开始做题。（做题时记得让学生圈住关键词左右，并在图中写出左右）

师：从左数橡皮是第几个？从右数橡皮是第几个？

生：从左数橡皮是第二个，从右数橡皮是第四个。

师：为什么橡皮一会儿排第二？一会儿又排第四？

生：数的相反、不一样？

师：什么东西反了？能讲得更清楚一些吗？

生：数的顺序反了，开始是从左数，后来是从右数。

师小结：也就是说，同样一个物体，从左数和从右数，结果就可能不一样。

（四）师生对口令游戏

师：尺子的左边是什么？尺子的右边是什么？橡皮左边是什么？橡皮右边是什么？请同桌互相对口令。

三、体验左右的相对性

师：大家刚才玩游戏可真开心啊，我们一起来做一些练习吧。老师举的是哪只手？（师面对举左手。）

预设：有的同学说左手，有的同学说右手。

师：同组的同学讨论一下，然后交流意见。

预设：小组讨论交流，汇报结果。

师转身验证，并出示《教师上课图》，让生回答谁坐在谁的左右。再请学生说说自己的左边是谁，右边是谁。

师：（以学生的座位即兴出题）谁的左边坐着谁？谁的右边坐着谁？在判断自己的左边和右边有哪些同学的时候，是以谁为标准的？我们从一个方向看东西时，面对的东西不同，看到它左右的东西就不一样。

抽四名学生上讲台面对面站好，再让这四名同学举右手。

师：请看他们举对了没有？观察有什么特点？

师小结：当我们面对面站立的时候，举的左手或者右手的方向刚好相反。左右是相对的，我们要根据不同的方位，正确地分清左和右。

四、实践操作理解左右

出示课件：爬楼梯。

师：上楼梯时我们要靠哪边走？下楼梯时我们要靠哪边走？

学生说法不同。请两位同学示范一下，把教室中间过道当楼梯，一个从前往后走是下楼梯，另一个从后往前走是上楼梯。

生观察。

师提醒：下楼梯的同学是靠哪边走？

生有的说左边，有的说右边。

全体学生进行室外活动：走上楼梯，又走下楼梯。

下楼梯时，师又提醒：下楼梯时你靠哪边走？现在同学们明白下楼梯时靠哪边走吗？为什么上、下楼梯都靠右边走？

五、解决问题，增强运用意识

课件出示书P61第3题，其中有几辆顽皮的小汽车就躲在树底下，这里共有几辆车？先听听大客车是怎么说的？（课件：从右数大客车是第5辆，一共有几辆车？）小组讨论、汇报，说一说是怎样想的？（借助课件演示，帮助学生理解）

《相遇问题》教学设计

赵兆炯

教学内容

北京版数学四年级下册《相遇问题》。

教学目标

通过创设情境帮助学生明确"同时出发""相向而行""相遇"等词语的含义。

在经历解决实际问题的过程中，学生学会分析相遇问题中速度、时间、路程这三种量之间的关系，掌握相遇问题求路程、相遇问题求时间的解题方法。

在经历比较、优化等学习过程时，发展学生数学思维能力，体现数形结合与数学模型的思想，体验数学与生活的紧密联系。

培养学生认真细致的审题习惯。

教学重难点

相遇问题的特征和解题方法。理解相遇问题中速度和、相遇时间和总路程之间的关系。

教学分析

相遇问题是和人们生活、生产息息相关的数学知识。这部分内容是在学生掌握一个物体运动中有关速度、时间和路程的数量关系的基础上安排学习的，主要是研究两个物体的运动情况，是今后学习较复杂的行程问题及工程问题的基础。教学内容的安排不仅是以文字的形式呈现给学生，而是借助线段图帮助学生了解题意，让学生学起来更容易。可以说，相遇问题是解决问题教学的重、难点之一。为五、六年级学习用小数计算的实际问题和用分数计算的实际问题做了充分的准备。

学情分析

学生在一、二年级的学习中，掌握了一步实际问题的解题方法。在二、三年级学习了用两步解答一些实际问题的方法，如连加、连减、加减两步计算的实际问题，乘加、乘减、除加、除减、乘数两步计算的实际问题。四年级第一学期，学生学习了"单价、数量和总价""速度、时间和路程"这两种数量关系，为本学期学习两种比较典型的实际问题打下基础。

一、旧知导入，唤醒模型

师：赵老师从深圳到北京和大家一起学习数学，你知道深圳到北京有多远吗？

【设计意图：通过提出具体的生活情境，联系实际生活，为后面的学习做铺垫。】

课件出示：深圳到北京的高铁运行时速达到每小时300千米，从深圳出发，8个小时到达北京。

师：现在你知道深圳到北京有多远吗？

生：$300 \times 8=2400$（千米）。

师：你是怎么想的？

生：速度×时间=路程。

师：速度×时间=路程是以前我们学习过的数量关系，今天我们从速度、时间、路程中学习新的知识。

【设计意图：从学生的实际生活出发，设计一个与实际生活紧密联系的情境，唤起学生对旧知模型"速度×时间=路程"的回忆，既激发了学生已有的认知经验，了解了学生的学习起点，促进了由旧向新的迁移，自然导入新课，又帮助学生准确把握新旧问题的衔接点，找准新问题的生长点。】

二、创设情境，逐步感知

（一）初步感知，理解题意（看图）

师：于亮和许芳从一条道路两端同时出发，相向而行，4分钟后相遇。

已知于亮每分钟行50米，许芳每分钟行40米。

请一个同学大声读一读（同桌交流），你能从图中找到哪些信息？看看他们行走有什么特点。

生：于亮每分钟行50米、许芳每分钟行40米、4分钟、同时出发、相向而行、相遇。

【设计意图：初次读题，让学生找出题中已知的信息，与情境题进行比较，初步感知相遇问题的特征。】

（二）学生表演，加深理解

师：他们是怎么走的呢？我想请两个同学上来演示一下，一个代表于亮，一个代表许芳。哪两位同学愿意上来？下面的同学注意观察，看看他们是怎么走的，有什么特别的地方。

师：你发现了什么？

生：他们同时出发，同一时间、一起开始；相向而行，两个人面对面走；相遇，遇上或碰面（用握手或肩并肩来表示相遇）；于亮走得比许芳快……

师：于亮，你走了几分钟？许芳，你走了几分钟？你们同时走了几分钟？

生：同时走了4分钟。

师：同学们能用双手比画两个人是怎么走的吗？

生一边比画一边说：两个人同时出发，相向而行，在中途相遇。

板书课题：这就是这节课我们要解决的问题——相遇问题。

【设计意图：让两名学生分别扮演于亮和许芳，在讲台前演示相遇过程，充分调动学生的积极性和主动性。通过直观、生动的演示，引导学生观察、思考、分析、理解相遇问题的特征，"同时出发""相向而行""相遇"等关键词语的含义，初步建立相遇问题模型雏形，为建立数学模型做好准备。】

（三）用线段图表示，数形结合

师：试着用线段图表示，并用小旗子标出他们相遇的大概位置。

生汇报。

生：相遇的位置是在中间还是偏向许芳？因为于亮每分钟所走的速度比许芳快，所以于亮走的路程多，许芳走的路程少。红旗的位置就应该偏向许芳。

三、自主解答，深化理解

（一）结合生活经验，提出问题

课件出示：于亮和许芳从一条道路两端同时出发，相向而行，4分钟相遇。已知于亮每分钟行50米，许芳每分钟行40米。

师：根据以上信息，你能提出哪些数学问题？

预设：

生1：这条道路长多少米？

生2：大概在哪里相遇？

生3：于亮一分钟比许芳一分钟速度快多少？

生4：于亮走了多少米？

生5：许芳走了多少米？

师："这条道路长多少米？"这就是现在我们要研究的数学问题。

【设计意图：让学生通过看图找出已知信息，结合情景发现并提出数学问题。通过设计解决实际问题，了解学生对"相遇问题"的已有经验和认知基础，帮助教师寻找新知学习的路径。】

（二）合作探究，解决问题

学习要求：你能用不同的方法解答吗？

（三）汇报

生1：把于亮走的路程和许芳走的路程加起来，就是这条道路的长度。

列式：$50 \times 4 + 40 \times 4$

生2：他们两人每分钟走的路程加起来再乘4。

列式（$50+40$）$\times 4$

其他学生对汇报学生的两种方法进行提问。

方法一：学生通过示意图讲解过程。

方法二：每分钟走50米是于亮的速度，每分钟走40米是许芳的速度。于亮的速度和许芳的速度的和就是两人每分钟一共走了90米。两个速度的和我们称它为速度和。

追问：为什么×4？

让学生在图中找出四个速度和。

板书：速度和×时间＝总路程

（四）课件演示线段图

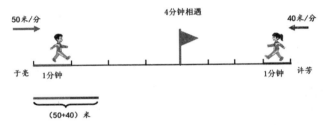

生1：两个人第一分钟共走了第一个（50+40）米。

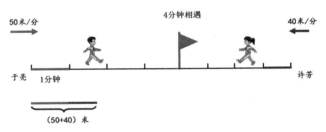

生2：第二分钟走了第二个速度和。

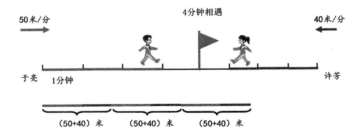

生3：第三分钟走了第三个速度和。

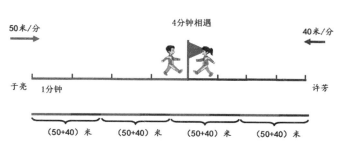

生4：第四分钟走了第四个速度和。

【设计意图：放手让学生运用已有的知识基础、方法策略和活动经验，用自己喜欢的方式对问题情境中相关联的信息加以梳理。借助整理信息，将抽象难懂的文本信息转化为形象易懂的图画信息，帮助学生直观形象地理清信息之间的关系，构架起信息与信息之间、信息与问题之间的内在联系，为有效解决问题做好铺垫。】

（五）比较两种方法，渗透数学模型思想

师：两种方法有什么不同之处吗？

预设：第一种方法是先分别把两个人走的路程求出来再相加，就是两个人共走的路程，也就是这条路有多长。第二种方法是先求出两个人1分钟走了多少米（速度和），再求出两个人4分钟一共走了多少米。

【设计意图：这是建立数学模型的重要阶段。引导学生观察、比较、抽象、概括解决问题的过程，引领学生提炼出相遇模型背后所蕴含的结构性知识，并运用形式化的数学符号刻画出这种数学结构——"速度和×时间=总路程"，从而建立相遇问题的基本模型。】

四、应用拓展，解决实际问题

（一）试一试

看图列式：甲、乙两个人骑电动自行车同时从A、B两地相向而行。

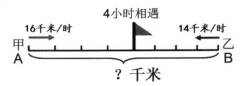

1.学生独立做。

2.汇报。

生1：（16+14）×4。

生2：16×4+14×4。

师：生活中还有许许多多的相遇问题（课件演示），我们用今天所学习的方法解决生活中的相遇问题，写在学习单的反面。

（二）拓展延伸

看图试着再编一道类似的数学问题，并解答。

这节课你学到了什么？

五、板书设计

相遇问题

同时出发	小亮的路程+小芳的路程=总路程	速度和×时间=总路程
相向而行	50×4+40×4	（50+40）×4
相 遇	=200+160	=90×4
	=360（米）	=360（米）

《我要的是葫芦》教学设计

赵兆炯

教学目标

正确、流利、有感情地朗读课文。

通过课文的学习懂得做任何事都要注意事物之间的联系。

教学重点

正确流利、有感情地朗读课文，了解植物的叶子与果实之间的密切联系。

教学难点

了解植物的叶子与果实之间的关系。

一、《我要的是葫芦》第二课教学过程

（一）激趣导入

师：孩子们在上课之前，我们一起来欣赏几幅工艺品。你们知道这些工艺品是用什么做成的吗？

生：葫芦。

师：这节课我们继续来学习跟葫芦有关的一篇课文。（板书：我要的是葫芦）

师：爱学习的孩子伸出右手和老师一起写课题好吗？小手准备，写在手心。请同学们读一遍课题。

生：我要的是葫芦。

师：葫芦的芦要读得轻而短，再读一遍课题。

生：我要的是葫芦。

（二）复习词语

师：上节课我们认识了本节课的词语宝宝，我们一起再和它们打个招呼吧！

师：接下来我们一起来玩个游戏好不好？游戏的名字叫大山回音。首先老师要请一列小老师带读，我们一起来做小老师的回音。小老师的声音大，我们的回音就大，小老师声音小，我们的回音就小。

师：同学们的小耳朵真是厉害，无论多大的回音都可以把词语读准，接下来老师还要看看谁是火眼金睛。

（三）看图说话

师：请同学们观察这两幅图，看一看这两幅图有哪些不同？请观察好的同学举起你的小手？

生1：第一幅图的叶子是碧绿的，第二幅图的叶子是枯黄的。（评价语：你观察得很认真。）

生2：第一幅图的叶子是长在藤上，第二幅图的叶子是掉下来的。（评价语：你是一个善于观察的孩子。）

生3：第一幅图的人脸上表情是喜洋洋的，第二幅图人的表情是满脸惊讶。（评价语：你真是火眼金睛呀。）

师：我们一起再来看一下，第一幅图葫芦的叶子是——

生：碧绿的。

师：第二幅图的叶子是——

生：枯黄的。

师：第一幅图可爱的小葫芦是挂在——

生：挂在藤上。

师：第二幅图的小葫芦已经——

生：掉在地上。

师：第一幅图种葫芦的人——

生：满脸微笑。

师：第二幅图种葫芦的人——

生：满脸惊讶。

师：你们也做一下，微笑和惊讶的表情。（评价语：非常到位）

师：小葫芦为什么会发生这样的变化呢？请小朋友翻开课本第64页，我们一起到课文中寻找答案，完成老师的阅读要求。

（四）阅读理解

阅读要求：画一画、一开始小葫芦长什么样？最后小葫芦怎么样呢？请小朋友自由朗读课文。

师：读好的同学请用端正的坐姿告诉老师，没有读完的同学也不要着急，一会儿老师会给你们充足的时间去阅读。

师：哪位同学告诉老师刚长出来的葫芦是什么样子的？

师：文中是怎样描写的？

师：孩子们你们喜欢文中可爱的小葫芦吗？

生：喜欢。

师：那我们也一起来种一棵可爱小葫芦好吗？

生：好。

师：首先它是什么样的葫芦藤？

生：细长的葫芦藤。

师：葫芦藤上怎样呢？

生：长满了绿叶。

师：哪些同学可以让老师的葫芦藤长满绿叶呢？俗语说开花才能结果，葫芦藤又开了几朵——

生：雪白的小花。

师：小花接下来怎样了？谢了，花谢了就要——

生：要长可爱的葫芦了。

师：孩子们快来把可爱的小葫芦挂上去吧！（逐渐完成板贴）孩子们，我们种的小葫芦美不美呀？那我们就美美地再读一读吧！小葫芦真美，再来夸一夸我们可爱的小葫芦吧！

生：多么可爱的小葫芦啊！

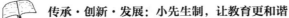

师：已经很可爱了，能不能把小葫芦读得更可爱？

生：多么可爱的小葫芦呀！

师：（板书：可爱的小葫芦）小葫芦这么可爱，文中种葫芦的人喜欢它吗？你们是从文中哪句话感受到的呢？

生：那个人每天都要去看几次。

师：孩子们，每天意思是——

生：天天。

师：说明种葫芦的人非常喜欢——

生：可爱的小葫芦。

师：他每天看到小葫芦都会说什么呢？请你们在原文中找找！孩子们找到了吗？是哪一句呢？

生：他盯着小葫芦自言自语地说："我的小葫芦，快长大啊，快长大啊！长得赛过大南瓜才好呢！"

师：孩子们什么叫自言自语呀？

生：就是自己和自己说话。

师：这个人自己对自己说话，希望他的小葫芦怎样呢？

生：长得比南瓜都大。

师：孩子们你们有没有平时特别喜欢的东西呢？

生：有。

师：当你特别喜欢一样东西的时候你会怎样？

生：想马上得到。

师：那你能读出这种心情吗？（评价语：老师感受到你想要小葫芦的心情了。）

师：哪位同学还能再读出这种心情？（评价语：老师感觉到你想马上就想得到一个大葫芦，祝你美梦成真！）

师：我看到好多同学都想要葫芦，那我们自己加上手势一起读一读吧！

生："我的小葫芦，快长大啊，快长大啊！长得赛过南瓜才好呢！"

师：孩子们可爱的小葫芦慢慢地在发生变化，你们发现了吗？

生：发现了。

师：你们发现了什么呀？

生：叶子上生了蚜虫。

师：你们真善于发现。小葫芦是哪里生了蚜虫？

生：叶子上。

师：（板书：蚜虫）谁愿意做一次反面角色，当一次坏坏的蚜虫。猜猜蚜虫会说什么？

生：大家好，我是蚜虫，我最喜欢吃这饱满多汁的叶子了，我每天都能美美地吃上一顿饱饭。这里就是我最喜欢的地方，真是我的天堂呀，啊哈哈！

师：孩子们你们现在是怎么想的呢？

生：杀死它。

师：怎样杀死它呀？

生：打农药。

师：看样子你们都想除去这讨厌碍眼的蚜虫。可是种葫芦的人和你们的想法一样吗？

生：不一样！

师：这个人心里想的是什么呢？

生：有几个虫子怕什么？

师：孩子们种葫芦的人怕不怕呀！

生：不怕。

师：他的意思是说有几个虫子——

生：不用怕。

师：孩子们他在乎这些蚜虫吗？

生：不在乎！

师：谁能读出他不在乎的感觉？有几个虫子怕什么！谁再来读一读？

生：有几个虫子怕什么？

师：老师看到你天不怕地不怕的样子了。

师：请同学们加上手势再来读一读！

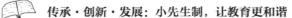

生：有几个虫子怕什么！

师：随着时间的推移，叶子上的虫子是越来越多了，你们看着着不着急呀！

生：着急。

师：有一位邻居看到了，和你们一样着急，就来劝种葫芦的人，他们都说了些什么呢？现在请小朋友们和同桌一起分角色演一演邻居和种葫芦人的对话吧。哪两位同学想给同学们表演一下？（评价语：你们的对话很有感情。）

师：有没有同学愿意上来看着葫芦带动作来表演呢？（评价语：表演更加生动了。）

师：如果动作再加上表情就更厉害了，还有没有同学愿意上来表演？（评价语：表演得活灵活现。）

师：老师看到你们表演得这么好也想试一试，你们愿意带上我吗？我先选角色好不好？老师扮演种葫芦的人，你们来扮演邻居。开始吧！

师：我演得好不好呀？

生：好！

师：那你们给我鼓鼓掌吧！老师听到你们的掌声还想表演一次怎么办呀？

生：角色互换！

师：这次我演邻居，你们演种葫芦的人。那我开始啦，你别光盯着葫芦啦，叶子上生了蚜虫，快治一治吧！

生：什么？叶上的蚜虫还用治？我要的是葫芦。

师：孩子们你们还想不想读呀？

生：想！

师：好，男生是邻居，女生是种葫芦的人。角色再互换一下！孩子们，无论邻居怎么说怎么劝，这个人有没有听呀！

生：没有。

师：可见他是一个——

生：自以为是的人！

师：因为他觉得他要的是——

生：葫芦。

师：要的不是——

生：叶子。

师：更不要这些可恶的——

生：蚜虫

师：过了几天邻居决定再劝他一回，可是，无论怎么劝，种葫芦的人还是说了这句话。

生：叶子上的虫还用治？

师：孩子们谁能读出他的不在乎！

生：叶子上的虫还用治？

师：孩子们再读出他的自以为是。

生：叶子上的虫还用治。

师：真是一个顽固的人。这个人如此顽固是因为他认为叶子上的虫子需不需要治呀？

生：不用治。

师：我们可以把这个带问号的句子，变成一个带句号的句子。怎么变，告诉我答案？

生：叶子上的虫不用治。（评价语：真聪明。）

师：我们再来做个小游戏，变一变！谁来做老师的小帮手？三道题！（评价语：很棒、真厉害、变换成功。）

师：孩子们，小葫芦最终的命运到来了。请在课文中找一找，最后，小葫芦怎么样了？谁找到了答案？

生：小葫芦慢慢地变黄了，一个一个都落了。

师：哎，绿绿的叶子都变黄了，有的小朋友惊讶地捂住了嘴巴。看，上面还有蚜虫吃出来的洞呢！孩子们，小葫芦最终也慢慢地——

生：变黄了。

师：最后一个一个都——

生：落了。

师：你们猜猜，这个不听劝告的人心情会怎样呢？

生：伤心。

谁来读读最后这一段！（评价语：老师感觉到了，连声音都变慢了）。

师：这么可爱的小葫芦都落了，全班一起再伤心地读读吧！

师：可是这个人又伤心又奇怪，为什么叶子上生了蚜虫叶子就掉落了呢？叶子和葫芦的生长有什么关系呢？下面我们请小葫芦叶来告诉大家吧！孩子们，种葫芦的人知道错了吗？

生：知道了。

师：错在哪里呢？

生1：没有治蚜虫，也没有听邻居的劝告。

生2：他不知道葫芦和叶子是有联系的。

师：你们的回答也是这节课要告诉我们的一个道理：事物之间是有联系的，要善于听别人的劝告。

（五）拓展延伸

师：我相信种葫芦的人也会明白了这个道理！

课后练习题：第二年春天种葫芦的人又种了一棵葫芦，叶子上又有了蚜虫。这回种葫芦的人会怎样呢？结果会怎样呢？请同学们想象一下，写下来吧！

师：上节课我们还有一个生字宝宝没有出现，它是"想"字。孩子们，写想字时要注意什么呢？

生：心字底要托住上半部分。

师：对，心字底书写时要注意：左点卧勾一直线，中点略低右点高。

二、《我要的是葫芦》教学反思

（一）本课的成功之处

教学设计行云流水，水到渠成。本课的教学设计"激趣导入→复习词语→看图说话→阅读理解→拓展延伸"从开始到课末，教学过程流畅自然，一气呵成。通过课中的教学铺垫，很好地解决了教学的重难点问题，达成教学目标。

教学过程生动有趣，形式多样。本课教学设计符合二年级学生的心理特点和认知规律，直观形象，生动有趣。教学过程通过课件展示和教师的用心讲解，趣味横生，精彩纷呈。同时，教学形式丰富多样，学生在老师的引导下读观结合、读思结合、读演结合、读写结合，让学生亲身体验、主动学习、主动思考，使课堂充满趣味，学生在快乐的气氛中主动学习。

课堂学习氛围热烈，师生共情。由于本课设计直观形象，生动有趣，学生乐于参加教学活动，师生互动积极，主动性高，学习气氛热烈。特别是当学生声情并茂地朗读后，提高了学生探究的兴趣，激起了师生共同解决问题的欲望和兴趣。在这样热烈的气氛中学习，师生自然而然产生了共情。

拓展延伸恰到好处，文道并重。教学到了课末，教师很自然地引出一个道理"事物之间是有联系的，要善于听别人的劝告"，实现了文以载道的目的。同时，教师进行恰当的拓展延伸："第二年春天种葫芦的人又种了一棵葫芦，叶子上又有了蚜虫。这回种葫芦的人会怎样呢？结果会怎样呢？请同学们想象一下，写下来吧。"这样的读写结合，又使本课的教学得到了更高的提升。

（二）本课的不足之处

本课都按教师本人教学设计引导学习，缺乏生成性。

课堂最后加入"我会写"的环节，有点画蛇添足。

通过反思，我更加清楚教学的不足之处，我将努力学习，不断探索实践，完善教学方法。

第三辑

"小先生制"与魔术课堂实践研究

特殊时期小学数学网课设计应遵循的原则

——以一节有趣的数学魔术课为例

丘燕飞　　王雨晴

新冠肺炎疫情期间，为阻断疫情向校园蔓延，各地中小学纷纷延迟春季开学时间。针对这种情况，教育部发出了"停课不停学"的号召，鼓励各地尽可能地利用互联网和信息化教育资源为学生居家学习提供支持。为避免给教师和学生增加不必要的负担，教育部明确提出"两个坚持"：要坚持把疫情防控工作放在首位，坚持将国家课程学习与疫情防控知识学习相结合。"停课不停学"是一种广义的学习，其方式也应该是多种多样的，不仅仅是单纯意义上的学科学习。在"停课不停学"期间，教师们应该全面贯彻党的教育方针，落实立德树人的根本任务，科学把握"两个定位"，保障学生全面发展、身心健康。

笔者作为学校落实网络教学的具体执行者和授课者，在认真领会国家、省、市、区级文件精神后，结合自身特长开发了有趣的数学魔术系列课程，深受学生们的喜欢。本文以一节有趣的数学魔术课为例，浅谈该阶段网络教学的点滴体会。

一、网课要"网住"孩子的心

开展"停课不停学"在线教学，不仅是抗击疫情时期保障教学活动正常开展的应急之举，也是"互联网+教育"应用的充分展示。从武汉封城到现在已一个余月，孩子们在家禁足，没了同学的陪伴，少了朋友的交流，并且活动范围有限，其好玩的天性被极大地限制。因此，疫情期间的在线教学教师应首先关注学生的心理健康情况；其次，要重视学生居家学习内容的安排和活动的组织；同时，教学内容的选择上要注重保护孩子的童心，让孩子学得舒心、开心，还要加强和学生之间在线的交流互动。

居家学习是一种不同于班级学习的自主学习方式，不能照搬正常班级课堂教学方式、时长和教学安排。教师应尊重不同学段、不同年级、不同群体学生的学习规律，建立家校协同机制，提高学生居家学习效率，保障学生居家学习质量。

学生都有追求新奇事物，探究未知的特性，抓住这一特性，笔者在五年级下学期开学第一课中设计了《心灵感应——猜年龄》的魔术课程，具体过程如下：

1.请写0—9中的任意一个数字；

2.把这个数乘2；

3.然后加5；

4.再乘50；

5.把得数加1770；

6.最后一步，用这个数字减去你出生的年份。

最后，见证奇迹的时刻到了，笔者让学生们观察手中的数字，会发现如下规律：百位上的数字就是学生选择的数字，后两位数字就是学生的年龄。

课上，孩子们都在讨论区发出了惊奇的赞叹，老师竟然能通过网络神奇地猜到自己选择的数字，更神奇的是又能准确地算出每个孩子甚至是家长的年龄，简直太神奇了！孩子们对老师如何拥有这"未卜先知"的特异功能充满了好奇。

魔术课堂成了笔者在网络学习第一课给孩子们印象最深刻的礼物，后来的每节网课笔者都会先通过"表演"一个小魔术来吸引孩子们的好奇心，再利用课堂最后两分钟为孩子们揭秘魔术的奥妙。为了给孩子留下思考的时间和空间，让孩子对教师、对开学充满期待，有的魔术笔者承诺等孩子们返校后再揭秘。经过这几周的尝试，笔者发现网课出勤率以及学生家长的反馈都得到了很大的提高和改善。

有人说：教育应是一场温暖的修行。网络教学因为有了温度，有了学生本位立场，给孩子新、奇、特的视觉和听觉享受，让网络课堂的新奇融入了孩子的心田，驱散了心中的疫情雾霾。

二、网课要"玩出"数学的味道

"数学味"作为小学数学教学中的重要组成部分，教师必须了解数学和其他学科的差异性，尤其是思考问题的严谨性、逻辑思维的推理能力等，这也是小学数学课堂对学生能力培养的主要部分。因此，小学数学教师在网络教学过程中必须要体现出数学的探索、推理及抽象等特性，确保教学的趣味中能够体现出较好的"数学味"。

仅会玩一个魔术，对于五年级的孩子来说未免太单调。正如郑毓信教授所说："我们追求的不应该是由'学校数学'向'日常数学'的简单回归，而应该是二者在更高层次的整合。"他们急切地想要知道这个魔术的秘密，弄清楚为什么才是他们的终极目标。体现数学味道，玩出花样，玩出水平，这才是目的。为了完成该目标，笔者以上文中提到的魔术为例，演示揭秘过程。

（一）在探究中体验数学味

从教学过程的角度来看，数学源于生活，源于有效的问题情景。但是，数学学习的重要目的是要获得适应未来社会生活和进一步发展所必需的重要数学知识（包括数学事实、数学活动经验）以及基本的数学思想方法和必要的应用技能；同时，初步学会运用数学的思维方式去观察、分析现实社会，去解决日常生活中和其他学科学习中的问题，增强应用数学的意识。从而不断完善学生的认知结构，提高运用数学知识解决问题的能力。

学生在观察以下数据后，学生通过认真对比和思考，找出了一些蛛丝马迹，在此基础上学生发现，自己选择的数字在计算中反复出现。

1×2=2

2+5=7

7×50=350

350+1770=2120

2120-1978=142

2×2=4

4+5=9

9×50=450

450+1770=2220

2220-1978=242

3×2=6

6+5=11

11×50=550

550+1770=2320

2320-1978=342

4×2=8

8+5=13

13×50=650

650+1770=2420

2420-1978=442

（二）在抽象概括出隐性数学本质中凸显数学味

要彰显小学数学课堂的数学味，从数学情景或学习材料中抽象概括出隐藏着的数学本质特征，是必不可少的。而数学思维的体现，就是严谨的抽象思维、严密论证、深入探究的数学化过程。这些都是数学所特有的味道，即"数学味"。

魔术的秘密在最后一步：最终得数减去自己的出生年份会得到自己最初选的那个数字和自己的年龄。如何凑足最终的得数，是魔术的巧妙之处：我们已知通过魔术的1-4步，得到了现在的数字，如果选择数字0，则得到了2020，如果选择数字1，则得到2120，如果选择数字8，则得到2820；再用这个数字减去出生年份就会得到一个三位数，百位上的数则是自己默认选择的数字，十位和个位组成的数字则是测试者的年龄。选择的数字乘2又乘50，相当于把自己选择的数字扩大到了原来的100倍。最后把最终得数减去出生年份得到测试者的年龄。如何凑现在的年份，具体算式如下：

神秘之处：（4×2+5）×50+1770=2420

魔术的秘密：（2X+5）×50+1770-出生年份=100X+（2020-出生年份）

（三）在创造中彰显数学味

在学生知晓魔术的秘密后，笔者提出了三个问题让学生思考：

问题一：如果明年玩这个魔术，要改哪个数字？（把1770改成1771）

问题二：如果给自己的弟弟妹妹玩这个魔术，如何改会更简单更有趣？

问题三：请同学们模仿老师的魔术去发明一个新魔术。

让笔者惊喜的是，上完课的当晚，有学生针对这次网课写了一篇学习日记，日记中写道：

今天，我们马山头学校开设了第一次网络课。我们进行了网上升旗仪式，校长讲话，还有英语、音乐和数学课等，我最喜欢上的就是丘老师讲的"有趣的数学魔术课"了。

丘老师首先用一个小魔术展开话题，第一时间吸引了我的注意力，接下来他将魔术与数学连接起来进行讲解，并播放了一个魔术师变扇子的魔术视频，感觉非常有趣又有创意，真是令我耳目一新，钦佩不已。这种创新的、寓教于乐的教学方式激发了我对数学学习的兴趣，同时也让我喜欢上了数学魔术。下课后我尝试着给爸爸表演了一个数字读心魔术，我也学着丘老师的样子变给爸爸看。

这个魔术是这样的：我先让爸爸在1至9中任意选择一个数，将这个数乘以3，再加上1，结果再乘3，最后再加上他选的数，我便知道了爸爸心里选择的那个数了。爸爸听完我的结果后真的惊讶得下巴都快掉下来了。我告诉爸爸，这个魔术的秘密就是乘3再乘3并加上所选的数，其实就是乘以10了，加1只是让魔术显得更加神秘而已。

现在我们国家正在经历一场前所未有的疫情战争，我们学生不得不在家里上学。丘老师的数学魔术课让我觉得在家上学也是一件新鲜有趣的事情。虽然不能像在课堂上那样身临其境，不能和同学们见面互动，但我也感觉到了在家学习的快乐，更加珍惜这来之不易的学习机会，因为每堂课老师都是经过精心准备的。我告诉自己要努力学习，学好本领，长大后为我们国家的发展做出自己的一份贡献！

由此可以发现，魔术与数学的结合让数学课堂充满了趣味性和数学味道，让数学学习更有味道，学生在玩中学，在学中思，在思中悟，让数学学习变得更简单，更有趣。

三、网课要营造家庭的和睦氛围

现有在线教学资源种类齐全、形式丰富，能够解决疫情防控期间的基本需求。组合选用相关国家课程资源、网络开放资源和开发校本特色资源，多样化拓展在线课程，有效助力"五育并举"。

在疫情期间，很多家长也是焦虑万分，既担心家人安全、孩子的学业，还要考虑生计等现实问题。如果网课能给家长带去一些慰藉，带去一份安稳，为家庭增添一些笑声，成为良好家庭关系的润滑剂，这样的网课无疑是能得到家长认同的。课前和孩子玩个小魔术，激发孩子们的学习兴趣，课后揭秘，增强仪式感，也让许多家长乐意参与其中，在共同的战"疫"中给家长带去了一些慰藉和动力。

课后，我们还会鼓励学生和爸爸、妈妈或远方的亲人玩这个魔术，在魔术过程中增进亲子关系，润泽孩子的心灵，有如冬日里的阳光，给人以希望和力量。

在线教学方式是教师和学生共同参与的，依托在线教学环境支持的系统化教学活动集合，这就需要学生转变学习方式，以坚忍的意志品格，严谨的学习态度，持续的学习能力，良好的信息素养胜任在线学习；同时，需要教师转变教学观念，以高尚的道德情操、一流的专业水平、扎实的教学能力、良好的信息素养和持续的教学创新胜任在线教学。教师提升其在线教学胜任力能够有效提高教学效率，增强在线学习效果，从而为推动在线教学方式创新提供支持。

运用魔术资源　丰富分数概念

——《分数的再认识》教学设计

丘燕飞

教学内容

北师大版《数学》五年级上册第五单元63–64页。

教学目标

借助动手操作，探究、概括分数意义，进一步认识"分数的意义"。

经历画图、对比、讨论等活动，理解单位"1"的意义。

发展数感，体会数学学习的乐趣，体会分数与生活的密切联系。

教学重点

理解分数的意义。

教学难点

从具体的情景中，多维度理解分数的意义。

教具准备

学生人手作业单一份。

魔术道具3份、百变花10朵、问题卡一张、魔术杯一个、芬达橙汁一瓶。

PPT课件一份。

课前慎思

分数的再认识，是学生第二次深入理解分数意义的一节重要概念课，对于分数意义的深入理解，有助于今后学习分数问题的解决，因此，在思考后决定借助魔术道具提升孩子的参与率，丰富对分数概念的理解。

一、引入分数

生：一起数数：数数0、1、2、3……8。

师：这些数都是整数。

师：8杯一样的果汁平均分成4份，每份是多少杯？4杯一样的果汁平均分成4份，每份是多少杯？1杯子果汁平均分成4分，每份是多少？还能用整数表示吗？分数和整数都是怎么产生的呢？我们一起来看一个视频。（播放整数和分数的来历）整数是数出来的，分数是分出来的，今天我们来进一步学习分数。

【设计意图：通过简单的练习，突出分数产生的必要性，体会整数是在生产生活中数出来，分数是分出来的。】

二、探究新知

（一）分数意义的教学

师：孩子们想看老师表演魔术吗？观看魔术要有掌声，更重要的是要有思考的声音，想想老师喝了这杯饮料的几分之几？

1.演示魔术：隔空喝饮料

魔术步骤：教师左手按住杯中上部位小孔，模拟喝饮料动作，松开小孔，饮料下降，按住小孔，饮料水位不变。

表演如下图：

图1 效果图　　　　图2 内杯底部穿孔　　图3 外杯子上部穿孔，

构成连通器

图4　教学现场图

师：老师渴了，想喝饮料，大家看老师喝了这杯水的几分之几？你是怎样知道的？

生：$\frac{1}{4}$，估计出来的。

师：再看老师又喝一口，两次一共喝了这杯水的几分之几？

生：$\frac{1}{2}$。

师：最后喝一口，前三次一共喝了这杯水的几分之几？

生：$\frac{3}{4}$。

【设计意图：亚里士多德说："古往今来人们开始哲理探索，都应起于对自然万物的惊异。"通过孩子们喜欢的魔术，勾起孩子们对分数意义回忆，数学课堂充满魅力，让学生保持对数学的好奇之心。】

2.学生在作业单完成

师：你能画图表示 $\frac{3}{4}$ 吗？请你分一分，再圈一圈，最后填一填。

把（　）平均分成4份，取其中的（　），可以用 $\frac{3}{4}$ 表示。

3.汇报交流

略。

4.设问思考

师：这三位同学分别把什么平均分？共同点是平均分成了多少份？取了其中的几份？

120

5.演示揭示整体"1"的概念

师：举例说明，我们可以把一个苹果看成一个整体平均分成4份，也可就把1筐苹果看成一个整体平均分成4份，也可以把很多的苹果看成一个整体平均分成4份，只要平均分成4份，取了其中的3份，都可以用什么分数表示？

6.总结分数的意义

把（一个整体）平均分成（若干份），其中的（一份或几份），可以用分数表示。

7.练习

如何理解一张报纸的 $\frac{1}{4}$ 版面用于广告宣传。

把（　　　）平均分成（　　　），其中的（　　　）用于广告宣传。

【设计意图：通过各组不同的作业单，主要突出整体"1"不同，但是都是平均分成4份，取其中的3份都可以用分数3/4来表示，让学生经历操作，分享、汇报交流中归纳分数的意义的过程，深化对分数意义的理解，尤其是对整体"1"的拓展，从一个物体拓展到多个物体。】

（二）从部分到整体进一步理解分数意义

师：倾听是重要的学习方式，刚才叶佳妮同学专注听课的样子老师很佩服，请你上来老师奖励一朵花给你。你们想要这花吗？猜猜看老师原来手中一共有几朵花？

1."妙手生花"魔术

师：猜猜老师手中有几朵花，老师变出1朵花，老师变出的花是总数的 $\frac{1}{10}$，老师手中原来有几朵花？怎么思考？

生：10朵，$1 \times 10 = 10$

师：老师又变出一朵，这两朵花占原来花的几分之几？怎么理解？

生：$\frac{1}{5}$，10朵花被平均分成5份，每份都是 $\frac{1}{5}$。

师：验证，请五位同学上来，每人拿两朵花，这些花一共平均分成几份，每份是几分之几？两份呢？四份呢？五份呢？

2.魔术表演步骤

将10朵花扎成一束，藏于手中，每次用拇指和食指配合拿出一朵。

表演示范图：

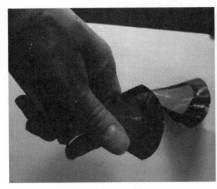 

图5　扎成一束的花　　　　图6　从手中变成的花

【设计意图：利用"妙手生花"魔术，让学生经历从部分量到整体量角度思考分数的意义，从具体的数量出发，再次体会分数的意义：把一个整体平均分成多少份，取其中的几份，可以用分数表示。这样的设计有学生立场，魔术魔力，数学魅力。】

3.学生画图

一个图形的 $\frac{1}{4}$ 是 ▭，画出这个图形。

独立画，交流，一共多少个正方形？

4.选择题

一个图形的 $\frac{1}{5}$ 是 ◺，这个图形的 $\frac{3}{5}$ 是下列图形中的哪一个？在相应的括号里面画"√"。

（　　）　　　（　　）　　　（　　　　）

（三）从整体到部分深入理解分数意义

师：同学们想做游戏吗？我请三位同学上来。

1.请三位同学上来拿去袋子（信封）中磁铁的 $\frac{1}{2}$ 。

生1：拿出1颗。

生2：拿出3颗。

生2：拿出5颗。

设问：都是拿出整体的 $\frac{1}{2}$，为什么个数不同？

从分数的角度思考，把总数平均分成两份，其中的一份是多少？

因为总数越多，它的 $\frac{1}{2}$ 就多，总数减少，它的1/2就少。

2.按要求就座。

前面两排同学16人，请 $\frac{1}{2}$ 的同学坐下，应该几人坐下？剩下的 $\frac{1}{2}$ 又坐下……最后一个人坐下，同学们变出一个分数，他就可以坐下。

3.练习：分一分，圈一圈，填一填。

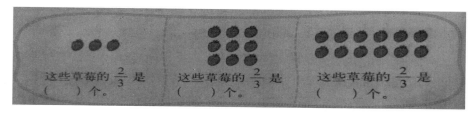

这些草莓的 $\frac{2}{3}$ 是（　　）个。　这些草莓的 $\frac{2}{3}$ 是（　　）个。　这些草莓的 $\frac{2}{3}$ 是（　　）个。

【设计意图：从整体"1"数量变了，分数 $\frac{2}{3}$ 不变，对于的部分量也变了，体会分数中整体量与部分量之间的对应关系。】

（四）拓展题

为了帮助灾区人民，奇思捐献了零花钱的 $\frac{1}{5}$，妙想捐献了零钱的 $\frac{3}{5}$。

这张荣誉证书该颁发给谁？看看谁想法最独特，最有个性，最有高度！

思考一：从分数大小。

思考二：从金额大小。

思考三：都发，因为是一种行为的见证。

思考四：都不发，有一种新的雷锋精神叫"微尘"。青岛一位普通市民，数次不留名向灾区大额捐款，她认为自己就是细微的尘埃，自己的善举微不足道。不图名、不图利的她不仅感动了青岛人民，更感动了全国人民，这种精神更值得人们敬佩！

【设计意图：数学也是一种文化，在数学课堂中培养学生的人文思想，达到学以致用，文理兼修，通文达理的目的。】

三、课堂总结

今天学习了什么，还有什么不懂的地方？

爱因斯坦说过：提出一个问题比解决一个问题更重要，看看谁能提出与分数相关的数学问题。

魔术帽：现场打印问题银行卡。

【设计意图：学生提出数学问题，现场从手机打印出数学问题银行卡，学生既惊又喜，激发学生问题意识，又起到激励学生的目的，孩子带着问题进入课堂，带着新问题走出课堂，引导学生在生活中观察数学、思考数学、运用数学。】

四、作业布置

《知识与能力训练》52页。

引入魔术元素，让数学课堂充满魔力

——"正负数"教学详细案例

丘燕飞

教学内容

北师大版《数学》四年级上册第86、87页。

教学目标

结合实例，体会正、负数表示意义相反的量，掌握正、负数的读写方法。

在具体的情境中，了解整数包含正数、0和负数，知道0既不是正数，也不是负数，知道0是正数和负数的分界。

能解释生活中应用正、负数表示的数量的实际意义，体会正、负数与实际生活的紧密联系。

教学准备

课件、魔术道具2个，手机一部，练习单一份，玫瑰花3朵。

一、用魔术"明日环"表演成功和失败次数，引出正负数

师：同学们，你们看过魔术表演吗？你看过谁的魔术表演？

预设：刘谦。

师：他是世界上顶尖的魔术师，可惜他在台湾很忙。今天，他派我来和同学们上一节数学魔术课，大家说好不好？你也想成为小魔术师吗？成为小魔术师有个小小要求，就是：回答问题或表演时要声音洪亮、自信大方、有理有据。哪位小魔术师来自信大方、声音洪亮地介绍自己的姓名和兴趣爱好。

进一步体会"+"或"−"表示相反意义量的简洁性。（板书课题：正负数）

教学读写法。

学生独立用"+""−"表示具体数量。

在具体情景中理解"+""−"分别表示什么具体意义。

（板书：相反意义的量）

学生列举生活中用"+""−"表示数量的例子。

二、学生发现讲解，揭示正负数及其相关概念

揭示正负数的概念：（1）学生分类讲解哪里是正数，负数及特点；（2）揭示正负数定义；（3）学生再举例。

教学0既不是正数也不是负数，及其分界作用，拓展学生对于0的认识。

讲述正数、负数、0与整数的关系。

小结：在数线图上，能从负10、负9，一直数到10吗？请同学来数一数。这些数好读又好写，长得又整齐大方，这类数我们给他取个名字叫作"整数"。

（板书：整数，−20，30，0……）

三、联系生活，解决正负数在实际应用中的问题

魔术：心灵感应，体会正负的相对性。

魔术：创新思维，体会0分的可能性，培养学生发散思维，相互正负数可以相互抵消的思想。

魔术：感恩的心，感悟正负数运用的范围广泛，同时渗透尊师感恩教育。

小结：正负数不仅可以表示生活中意义相反的量，还可以表示我们内心情感世界。例如：懂得感恩用正数表示，自私自利用负数表示；热情大方用正数表示，冷若冰霜用负数表示。

介绍与正负数相关的数学史知识。

四、总结质疑，感悟正负数知识与生活的联系

爱因斯坦说："提出问题比解决问题更重要。"看看哪些同学能提出和正负数有关的数学问题，一起存入数学问题银行。

五、课后作业

数学日记《我心中的正负数》。

六、板书设计

正 负 数

意义相反的数

成功3次   失败2次

记作：+3   记作：-2

读作：正三   读作：负二

负数：-2，-0.2，-1/2……   0   正数：2，+3，+0.5，+1/3……

分 界

既不是正数，也不是负数

整数：-20，-60， 0， +2，9……

让数学课堂充满"魔力"

——谈在小学数学课堂引入魔术元素的尝试

丘燕飞

数学学科所具有的逻辑性、严谨性、抽象性经常让一些学生望而生畏，难以产生兴趣，而魔术的新、奇、趣元素可以弥补该学科常规教学的不足。将魔术融入数学课堂，让孩子对数学充满好奇，化枯燥的课堂为魔力数学课堂，实现学生高阶思维的发展，达到深度学习的目的。

2016年春晚，刘谦与董卿合作表演的近景魔术，戒指穿玻璃杯，戒指穿鸡蛋在全国产生很大轰动，春晚之后很多人都在探讨。

我在参加2017年福建教育学院承办的"国培计划"培训中，被一节魔术开发课程深深地吸引了。试想，若能将魔术与数学教学相结合，那是一件多么美妙的事情呀！数学本身的抽象性、严谨性、逻辑性让很多学生对学习产生厌倦，如果教师教学方法单一，学生就很难喜欢上数学。而魔术具有新奇性，这既与小学阶段学生追求新鲜事物的心理特点吻合，也弥补了数学学科抽象、枯燥的特点。因此，如果能将魔术元素引入小学生课堂，让课堂充满魅力，化枯燥数学为魔力数学，是一件很有意义的事情。

一、魔术数学课堂可以有效强化学生的问题意识

学生能在数学课堂中提出问题，是学生积极思考的表现。2018年下学期，我接手了四年级的数学教学工作，这是一个新组成的班级，学生来自其他周边学校转学和插班，能否上好第一节课，直接影响老师在学生心中的印象。于是，我准备了小魔术作为第一堂课的开场，其中一个魔术叫作"明日环"，是将一个圆形铁圈，用一根项链从中穿过，在铁圈被放置到项

链中上部位置后，松手，这时铁圈会自由下落，一直下落到项链底部，最后项链会把铁圈拴住。在魔术表演过程中，所有的学生都是目不转睛地看着教师表演，这份专注是很多常规数学课无法企及的。

魔术表演结束后，我告诉学生：魔术和数学有很多相通的地方，这些地方表现在——多问"为什么"，敢于尝试，并找出秘密。

"学起于思，思源于疑，学贵知疑，小疑则小进，大疑则大进。"例如：北师大版四年级第一单元《近似数》一课中，在学完四舍五入，进而求一个数的近似数时，我让学生任意抽出一张扑克牌，并放入方框内，使得整个数约等于50000，4□234≈50000，5□234≈50000，并让小魔术师讲解。学生热情很高，都积极参与。魔术的神秘感和形象性可以有效引燃学生的兴趣，进而提升学生的求知欲。

二、魔术数学课堂可以有效拓宽学生的解题思路

观看了魔术的人都急于找到魔术的秘密，学习数学很多时候不也是在寻找秘密吗？成功的开学第一课，当天晚上就有个孩子家长要求加我微信，他把孩子回家玩魔术的视频发给我，告诉我，孩子成绩很差，对学习也不感兴趣，回家后他说很喜欢数学老师。经常把魔术元素引入课堂后，学生数学思维更加灵活，解决问题的思路也更加开阔。

在四年级《线的认识》一课中，有道练习是这样的：下面这一组中的两条线段一样长吗？

学生提出多种解决问题的方法：

其一：把线段①转变成线段②，结果发现两条线段一样长；

其二：把线段②转变成线段①，结果发现两条线段一样长；

其三：用尺子量，发现两条线段都是5厘米长；

其四：把线段①移下来，发现线段会重合；

其五：可以把上图变成长方形，发现对边相等。

……

学生能如此快速地发现这么多方法让我十分惊讶，也让我倍感欣慰。课后我把这个板书拍下来，整理成文。魔术表演主要就是运用道具和手法，用艺术加工的台词和手势渲染。寻找魔术的秘密，就是要去除表演，找到本质，而数学学习同样需要学生有这种抽象过程，找到概念的内涵，发现问题的本质，才可能引起学生的深度思考，全面考虑。同时，学生因为魔术的新奇，会急于从多角度思考问题，找到魔术的秘密，培养学生发散思维，从而养成多角度思考问题的习惯。

三、魔术数学课堂可以有效激发学生的参与热情

魔术的魅力就在于将夸张的表象和手法、道具完美结合，在数学课堂中，我会尽量将教学内容和魔术表演结合起来，设计学生们用魔术的手法表演抽象的数学核心问题，学生表演是知识的输出，其他同学猜测对方的表演，是数学思考。两者相结合可以极大地调动学生听课的专注度，因为他们不仅需要把数学概念表演出来，还要用数学定理规则来猜出对方在表演什么。

在教学直线、射线、线段的时候，我设计了一个魔术表演小环节，请小魔术师出来表演其中一个知识点，其他学生来猜他表演了什么知识，并说出理由。在这一环节，学生积极性很高，对同学的表演也报以热烈的掌声。因为有了魔术的缘故，枯燥的数学变得有趣味，原来学生参与度不高的问题得以解决，学生像变了一个人似的，变得积极表现，阳光自信。

又如在教学三角形具有稳定、四边形具有易变性，我先出示一个四端有螺丝固定的长方形，我可以变出一个不是长方形的图形，你信吗？随后，我把长方形放到背后，瞬间把长方形变成一个很扁的平行四边形。接着我让学生上来表演把三角形变成其他不同形状的图形。学生个个争先恐后想上来，结果几个学生都"挫败而归"。在经过小组体验后，学生终于明白三角形具有稳定性，四边形具有易变性。之后的春游项目走玻璃桥，

学生纷纷表示，这个桥不稳定、会晃动，主要是没有加入三角形固定它，能学而致用，自觉把数学问题引向生活的品质难能可贵。

四、魔术数学课堂可以有效提升学生的表达能力

数学知识具有严谨性，学生往往一不小心就会说错，说错了下次就会少说，最好不说，这种现象是导致越往高年级，举手发言的学生越少的原因之一。教会学生一些简单的魔术，我会让学生在课堂中、课间、课后表演给家长和同伴看，要求他们将台词背熟、使手法熟练、会渲染神秘。

魔术的台词是很严谨的，前后不能矛盾，且要具有幽默感，更不能被人看出破绽，这也和数学语言的严谨性不谋而合。

例如，表演纸巾消失的魔术语言设置是：这是一张普通的纸巾，像我这样从左往右折，再从下往上折，折到纸巾的长度约为5厘米，眼看观众，再把纸巾从右手放到左手（秘密：在换手的过程中，用左手的食指和中指夹住纸巾中上部分，右手将纸巾拉紧并快速撕下多余的纸张，悄悄放入口袋），再往左手吹口气，慢慢地展开左手，大纸巾消失了，打开右手，纸巾也消失。

学生在表演魔术前需要训练这种严谨的魔术表演语言。而在这样的训练中，学生会养成严谨表达的习惯，同时表演成功也会提高学生的自信心。在这样的数学课堂上，学生不仅能自信地表演，还能有条有理地表达。

将魔术元素引入数学课堂的目的在于提高学生数学核心素养，发展学生的高级思维，同时，在学生兴趣点和落实学生数学核心素养这两方面找到平衡点，让学生爱听数学课，爱学数学！

在魔术中探索数学的奥秘

吴宛玲

数学魔术的最大魅力是触动人的心灵，唤醒学生的乐趣。如果说数学是研究数量关系和空间形式的科学，那么数学魔术课就是研究混乱表象背后永恒不变的数学规律的课程。数学魔术将寓教于乐、寓教于玩的理念巧妙融入具体的学习活动中，让学生经历观察、记录、思考、操作、讨论等过程，发现数学"变中不变"的规律。

一次偶然的机会，我学习了一个数学小魔术，并把它放到我的课堂里，那是一个关于倍数关系的简单数学魔术。这次教学经历让我惊喜地发现，用魔术的方式呈现数学，可以很好地激起学生们的兴趣和探索的积极性，甚至很多平时数学不好的学生都突然感到很有兴趣，很想参与其中。数学教学中原本很重要的一件事就是用数学知识唤起学生的好奇心，但是数学知识自身又很难做到，于是我也尝试过很多方法让数学课更加生动有趣。我发现数学魔术能在数学课堂中发挥不小的作用。应用数学魔术导入或者贯穿于课堂学习，不仅有趣，还能让学生爱上数学。同时，我认为数学魔术的一个重要价值在于，它是让数学真正生活化的良好途径。

当我给孩子们讲《年月日》这一课时，结合孩子们的生活经验，大家都比较能理解年月日之间的关系，但是学到月历时，感觉平时的生活经验就不够用了，为什么呢？经过了解得知，由于科技的发展，电子产品的普及，取代了传统的挂历，部分孩子家里并没有月历，即使有月历都没有认真去看过，因为一打开手机、电脑，就能非常方便地知道每天的日期了。那么，怎么能让孩子们一下子弄懂月历中的奥秘呢？

这时我想到了一个与本教学内容很契合的关于月历的魔术，我想，通过魔术激趣可能会让孩子们更加主动地探索月历中的规律和奥秘，更轻松快乐地学习。这个魔术就是著名的国际魔术大师刘谦表演的众多魔术中的一个——使用月历设计的"猜心术"。

魔术要求如下：任意取出一张月历（每月按照星期排成4~6行，如图所示），任意找一位学生A在月历中画出一个正方形框出4×4=16个数字，然后老师用笔在一张纸上写下一个数字，折起纸密封起来并交给任意一名学生B保管。接下来，让学生A在这个方框内随便取一个自己喜欢的数字圈起来，再把

这个数字所在的行和列中的数字划掉，只留下这个数字；之后在该方框内剩下的数字中再随便取一个数字圈起来，把这个数字所在的行和列中的数字划掉，以此类推，继续做下去，最后方框内原有的16个数字只剩下4个。

师：请同学们算一算圈起来的四个数字之和是多少？

当学生们算出这个和数后，老师再打开之前的纸条。

师：其实，我早就猜出你的这个和数了，请学生B打开纸条看一看。

学生B打开纸条，发现老师写在纸上的数字正是这个和数，大家又惊又喜，在圈出数字之前老师怎么就知道我喜欢的是哪个数字了呢？难道老师真的有"读心术"能看破自己的小心思？也有些学生带着质疑，这也许是巧合呢？

于是，我带着大家再玩了几次，最后的结果均在我意料之中。这下，大家带着好奇心跃跃欲试，积极动脑筋，试图想要找到这个魔术的"破绽"。经过几轮的探索，让我惊喜的是有些机灵的孩子真的能寻找到一些相关的线索，甚至用另一种思路发现了这个魔术的秘诀，在这看似找不到破绽的魔术表面下发现其中永恒的数学规律。

"猜心术"的导入，成功激起了孩子们的学习热情，带着想要揭秘的好奇心，大家都非常积极认真，并且主动地探索月历中的规律和奥秘。孩子们在魔术中学习，在学习中探索，在探索中发现真理，在这样的过程中体会到学习的快乐。

作为还在探索阶段中的我，有时候不禁在思考，数学魔术应该要带给

学生什么呢？其中，我觉得最重要的一件事就是带给学生一种数学的眼光，即学生自觉地用一种数学的眼光看待事物，看待这个世界。所有的魔术几乎可以说是一种神秘的现象，故意营造一种混乱的假象迷惑观众，其实背后蕴含这一些永恒不变的规律。学生在学习数学魔术并理解其背后的设计原理之后，就会明白原来各式各样的东西背后都潜藏着规律，他们看待事物时就不会停留在表象，而会思索表象背后的内涵。

用字母表示数教学设计

丘燕飞

教学内容

人教版《数学》。

教学目标

使学生初步认识用字母表示数的意义和作用，学会字母式表示简单数量关系和结果。

在解决问题过程中体会字母式的抽象性、简洁性。

感受数学与生活联系的紧密性。

教学重点

用字母式表示数量关系和结果的方法。

教学难点

在具体情景中理解字母式表示的意义。

教具准备

魔术道具三个、课件一个、作业单一份、礼品一袋。

课前谈话

同学们好，今天到你们学校，你们特别有礼貌，老师给你们点赞。我先做个给自我介绍，我姓丘，大家可以称我为丘老师，今天上课老师有个小小的要求，上课回答问题要：声音洪亮、自信大方、有理有据。能做到吗？谁能自信大方，介绍自己姓名和兴趣爱好。

今天上课方式改改，同学们来当老师，根据需要可以在座位上和同学讲课，也可以到讲台来讲课，我们一起创造教学的奇迹好吗？

一、导入新知识

师：你认识这些数吗？

出示数字1—13，全班来读一读。

师：你还认识它们吗？

出示扑克牌A—k。

师：这两组数的区别是什么？

小结：第二组数，用字母表示数。例如，字母A表示数学1，字母J表示11，字母Q表示12，字母K表示13。

在生活当中字母可以表示一个具体数字。（板书：字母可以表示 一个数字）

师：（出示课题）今天我们来继续学习用字母表示数，齐读课题，从课题你就知道了什么？我们将要学什么？

二、探索新知

师：同学们认真学习就是送给老师最好的礼物，我们要礼尚往来，来而不往非礼也！给大家带来一个魔术作为礼物好吗？

1.变三个魔术，结果可以怎么表示

（1）用白纸变成钱魔术，问：这张白纸变成了几元？5元，可以在白纸上做个记号是数字几？

（2）接着变出一张100元，这张白纸记录的是什么数字？

（3）最后白纸变出一袋子钱，可以用什么表示？

生1：很多。

生2：不清楚。

生3：不确定

师：这样不确定的数可以用一个具体的数字表示吗？

同桌轻声讨论。

师：发挥你们聪明的才智，思考可以怎么表示，说说你的想法。

（4）字母a表示一定范围的数。

师：这个字母a可能表示多少元？不确定的数，可以用字母表示。（板书：不确定的数）

2.学习字母式表示运算和结果

（1）学习a+5表示运算和结果。

师：如果把这5元放入这个袋子a元中，如何表示现在袋子里的钱数？

生：a+5= a+5。

师：示范读法，有什么区别？学生示范。

师讲解：字母式，第一个a+5读得慢些，表示把数合起来，因此表示加法运算，后一个a+5表示一个结果，表示现在袋子里有a+5元的钱。表示一个得数。

（2）对比5元和a+5元。

两个袋子里的钱，很确定，有5元或100元，这个袋子钱看不到，不确定，很不踏实，可以用字母表示。

师小结：字母式表示结果比较抽象，不踏实，今天开始我们就要接受用这种不踏实的方式表示一个得数。今天是我们学习数学的一次跨越，我们为自己的成功跨越鼓掌！

3.练习：用字母式表示得数

一个信封袋里有a元，淘气拿走10元，还剩（　　）元。

一个信封袋里有a元，平均分给10人，每人分得（　　）元。

一个信封袋里有a元，有10个这样的信封袋有（　　）元。

思考：三道题目都是由字母a和数字10，为什么结果不同？

因为他们表示的意义不同，运算不同，结果就不同。

4.学习字母式的简洁性和概括性

过渡：同学还想玩魔术吗？

学生：想。

师：观察这个魔盒，请你输入一个数字？输出另外一个数字，重复做4次，学生记录。思考并完成表格。

（1）请你填入输入什么数字？和输出数字？

（2）输入的是字母b，输出的结果是（　　）

思考一：这么多组表示输入和输出结果，你认为哪组比较高级？为什么？

（字母b可以表示，总结：抽象、简洁、概括）

思考二：输出和输出数据中，哪些数据变化了，哪些数据不变，为什么不变？

（总结：输出数比输入数大10）

5.拓展练习

（1）师：同学们，这是谁？猜猜他多少岁？36，42，还可以用什么表示？这个人和丘老师是什么关系？我的徒弟，他几岁你知道吗？给你提供点线索吧。

丘老师	赵老师
11	11-10
12	12-10
40	40-10
……	……
a	（　　　）

问：为什么？-10表示什么意思？我比徒弟大10岁。

（2）看下列数据，你能表示出薛老师的年龄吗？

薛老师	丘老师
50	40
51	41

	52	42
	a	（　　　）

我们三个人的年龄之间有什么关系?

（3）如果薛老师的年龄用a表示，丘老师和赵老师的年龄如何表示?

薛老师	丘燕飞	赵老师
a	（　　）	（　　）

（4）如果赵老师的年龄用a表示，那丘老师和薛老师年龄如何表示?

薛老师	丘燕飞	赵老师
（　　）	（　　）	a

用一句话表示我们三个人的年龄关系，用一个词语表示，我们三个人的亲密关系?（代代相传、薪火相传）

三、总结

你想对"用字母表示数"说点什么?

这节课马上要结束了，猜一猜老师给同学们的表现打多少分?

四、布置作业

完成课本55、56页的1—4题，写书本上。

五、板书设计

用字母表示数

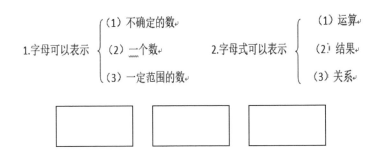

第四辑

"小先生制"与和谐师生关系研究

特别的你，特别的爱

—— 做特殊性格学生思想工作案例

方小仪

一、缘起

他长得很特别，第一次见到他，以为是从非洲来的孩子。他黑得很特别，牙齿白白净净，我们都亲昵地呼唤他为"小黑"，可他却很不喜欢，我们也就亲切呼唤他的名字了。眉毛有一次被他刮掉了，整个人更显得灵异。课上，他经常故意发出怪声、给别人起外号、绘制地图、自制各种小发明；课间，对着同学吐口水、用吸管对着身边同学吹气、匍匐在地上前行……当他做古怪行为时，逗笑了身边的同学，自此以后，他会经常用这种方法吸引所有同学或者老师的注意。发脾气时，他瞬间把自己摔在地上，狂跺脚，震得整栋楼响，大吼大叫……做出一系列反常的动作。每次他发脾气时，全班都很惊愕，连老师都被他吓到了。当他发脾气时，老师和同学若去理会他，他发脾气会更变本加厉。

二、诊断

A同学在五年级第二学期去深圳市康宁医院就诊，经诊断，考虑注意力缺陷多动障碍。上课时，只有在举手回答问题时，他才会专注几分钟；被老师、同学关注时，他坐得极其端正，那也只能维持几分钟。上课时，他每分每秒都在开小差，但点他回答问题，他竟然能回答得很准确。很多老师都很诧异：他竟能一边绘制地图一边听课，一边制作发明一边"打扰

142

课堂"，他能以自己独特的方式刷着独特的存在感。

他说过"我要吓他们"，他通过身边同学最怕的行为来刷存在感，意味着身边同学对他的孤立增加了他的行为动机，而他怪异、不合群的个性特点也影响了身边同学与他的亲近。他并没有意识到自己的言语行为影响了人际关系圈，反而以为这种方式是夺取所有人关注的最好办法。他发脾气的导火索是老师的一句话或者同学刺激他的一句话，他说过"我发脾气是天生的，爸妈遗传给我的"。他的许许多多行为都是在模仿大人们，特别是父母的动作他毫不保留地模仿。跪在教室地板上膜拜同学或老师，这一举动源于他经常跟随父母一同上山烧香跪拜祈求。

据了解，A同学出生开始就留守在老家，父母常年在外，爷爷奶奶过于溺爱。来到城市后，父母忙于工作，对孩子的各种情绪发泄行为当作正常现象。当孩子发脾气时，爸妈要么呵斥他，要么温柔地对他说："钊钊，不能这样……"在孩子成长过程中，爸妈的教育痕迹在孩子的一系列言语行为中表露无遗。父母也自责以往缺少陪伴，又是独生子，难免有些溺爱。当父母工作不顺心时，回来也会吵架，父母的不和谐关系也间接影响着A同学的情绪变化，以及对自身的认知存在误区。

三、教育契机

对A同学的教育，是一场爱的长跑，与他一起奔跑，一起挥洒，一起成长。

我渐渐成为他心中的妈咪形象。

"早上好，方老师！"

"今早天气……"

他也成了每天早晨第一个来办公室道"早安"的专业天气预报员。

四、工作过程

我定期和A同学的父母交流孩子的在校和在家情况。父母也非常配合，在他无法控制自我情绪时，温柔地鼓励他"宝贝，你可以控制好自己的"，与他建立爱的约定，甚至把在家里的所有时间全部分给他，与他一起读书，一起……

五年级第一学期临近学期末的两个月，A同学母亲到四川出差，父亲在家陪伴。这段时间，A同学比平日在校会有更多奇异行为，甚至有不受控的时候。他常常向同学吐口水、匍匐在地上跪拜同学或老师、在同学耳朵边大喊大叫、在课上随意说话（骂同学，给同学取外号，接老师的话）、在课上私自离开座位或者离开教室……一系列的不受控行为，使得身边的同学不敢接近他，不敢跟他交朋友。为此，我经常开"班级议事会"，借着这些小事件来动员全班同学一起帮助他，一起约定改变这些坏习惯。私下里，也跟个别男生和女生沟通，让他们平时下课主动跟他聊，真诚与他交朋友。

五年级第二学期开启了，A同学事件频发。一次，他放学时捡拾大石头扔班级同学，不小心扔中了五（2）班同学的后脑勺，所幸没有受伤。在一节心理课上，他情绪失控，摔门，趴、跪在地上发泄情绪。这学期第五周起，我跟他做了一个约定：用本子记录他每节课的情况，贴小红花，一周内贴满了就可以获得相应的奖励。每天早上都会跟他聊聊昨天的情况，对于他做得好的地方会及时肯定，对于他做得不好的地方会进一步提出新要求。他动力十足，每节课都会有意识控制自己的行为，上好每节课；下课后，他更会主动帮助我整理教具、打印文件等。他努力积满小红花，想获得一个大奖励（邀请我参加他的生日会）。

第六周周二放学后（2019.3.26），我邀请A同学父母到校，交流孩子在校在家的学习和生活情况。数学陈老师一针见血，把A同学在校的表现"行为不受控、聪明且善于掩盖真实想法、专注度不够、得不到同学真正的接纳，但同学们都很包容他"如实阐述给A同学父母。英语梁老师也把A同学在课堂上的表现还原，让A同学父母亲临感受，意识到孩子身上的问题不是一朝一夕养成的，需要配合老师一同帮助引导孩子。

A同学父母给我们提供了最原始的信息：A同学一年级时胆小且长得黑，经常受欺负；二年级时班主任开始关爱他……母亲原来在大医院当护士，后来到了幼儿园，这几年开始做生意。爸爸没有很要好的朋友，言行随意，爱玩游戏。母亲对孩子的关心会更多，生活上、学习上的细节也指点得多。谈话接近尾声，老师们都建议A同学父亲及时纠正自己的一些坏习惯，给孩子以最好的示范。

他每一次的情绪失控情况都不一样，我便会根据情况调整教育方式。最主要的是为了纠正他的一系列错误认知，即"我脾气不好是因为父母""我要吓他们，这多好玩儿，他们也会跟我玩，跟我关系好""我控制不了自己，我只能这样""我这样，他们才会停下所有手头上的事情，只来关注我"等，帮助他一次次控制并矫正自己的行为，形成健康的自我意识。

五、效果

现在的课堂上，他极少失控，虽然有时还会禁不住自言自语，或者转身弄其他同学，或者低头画地图，但是他慢慢学会了如何控制自己的行为和情绪。

A同学父母齐心协力，先改变自身，以身作则，做孩子的榜样，再帮助引导孩子改变坏习惯。他们更加主动地联系老师，关注孩子在校在家的行为举止，甚至是情绪变动。

六、后记

A同学由原来的怪异、不合群、让老师或同学畏惧，转变为一个让人心疼、更让人喜爱的孩子。

曾经我说过，会一视同仁地看待每一个孩子，但是A同学却成了我最宠爱的孩子。毕业典礼后，他悄悄地给我打电话："方老师，快去吃饭，别饿着了。"准备吃晚饭的他惦念着办公室的我。毕业后的两周，A同学每天都会用电话手表打来电话，关心问候着我的日常，"方老师，别太累了。"毕业后，也只有他念念不忘着我这样一位普普通通的老师，也只有他抱着一箱柠檬茶在太阳下暴走半小时，等不及妈妈和摄影师，直奔来学校，兴奋地来拍毕业照。

这两年，他在成长，我也在成长，学会了如何用"爱"来浇灌学生的心灵。我花了一年时间，才意识到A同学一系列反常的行为，都是他内心极强的渴求，他希望得到肯定，渴望得到赞赏。我重新调校了镜头，聚焦到了A同学的生存状态，去关心他的感觉，去关注他的喜怒哀乐。从善意的角度去评价他的违纪行为，唤醒压抑在他心底的心理需求，激发他想做一个好学生的愿望。

苏霍姆林斯基说："每个孩子在思想、观点、情感、感受、快乐、不安、悲伤、忧虑等方面都是一个独特的世界。教师应当认清并熟悉自己学生的这个精神世界。"当他自己觉得自己被重视时，他的心灵世界就慢慢向外敞开；当他看到自己有能力来改变现状时，我听到了花开的声音。

A同学父母到校交流

与A同学的约定
（贴满小红花）

做一名有温度的班主任

倪淑娴

时间悄然而逝，经过一段时间的磨合，2班已然成为一个温馨的大家庭，身为这个大家庭的家长，看着班级的孩子一个个阳光、快乐、自信，心里有说不出的高兴。回顾过往，我其实一直都在享受班主任的工作，虽然偶有抱怨班主任工作的繁杂，但仔细想想，当初迈入教育行业的大门，一半就是奔着要当班主任去的。总感觉当了班主任，才能让我在工作中找到一份完整的归属感，就好像2班是我的另一个家，我是这个家中最有威信的人，我爱孩子们，他们也爱我、敬我。

2班的孩子普遍比较乖巧懂事，几乎没有特别顽劣、难以管教的孩子，家长们也都很配合老师的教育教学工作。因此，在班主任工作中，我还没有遇到过特别棘手、难以解决的问题。但是，学生身上的小问题层出不穷，在某种程度上，给天生爱操心、好唠叨的我带来了一个不小的挑战。以往的班主任工作中，印象深刻的事情不少，其中就有我和班里小杨同学之间的故事。

"同学们，'题西林壁'的'题'是什么意思？"

"写！"小杨同学迅速答道，声音洪亮，眼神中流露出自信的光芒。

一整节语文课，小杨同学都是这样认真投入，激情满满。

很长一段时间里，不管是饥肠辘辘的学生们着急下课吃午饭的上午最后一节课，还是午觉醒来昏昏沉沉的下午第一节课，不管周围的同学是心不在焉地看着课本，还是自顾自地做一些小动作，班里永远有个男孩跟着老师的课堂节奏，积极与老师互动，声音响亮，见解独特。时间久了，感觉这就是个乖巧、聪慧的孩子，差点都快忘了，班级刚组建那会儿，他还真是个令我头疼的孩子——上课随意讲话、被批评了火气比老师还大，甚至还拒绝沟通。

小杨同学个子小小的，但脾气一点都不小。同桌与他因为一点事情发生了口角，他寸步不让，甚至还擅自将自己与同桌的座位分开，影响了班级秩序，我令其将座位回归原位，他表示拒绝，我耐心询问事情经过，他指责同桌的不是，并对自己的问题轻描淡写。我试图引导其认识自身的问题，说得口干舌燥也只换来他不服气的侧脸。这样的事情屡见不鲜，几乎快将我的耐心消磨殆尽。终于，在一次快下课的时候，我又一次看到他与同桌争执，气愤的我提高了音量，喊他站起来，并严厉地批评了他。只见他眉头紧锁，紧咬嘴唇，对我怒目而视，甚至还握紧了双拳，看到这样的情状，我也是怒火中烧，想拉他去办公室聊一聊，而他已根本不听我的话，我只能憋着一肚子的气回到了办公室。

互相冷静了一节课，下课铃声一响，我就走进了教室，轻轻地拍了拍小杨同学的头，半开玩笑地问道："还生倪老师气吗？走，去我办公室，老师跟你说话。"

他有些不太乐意，但还是乖乖随我来到了办公室。

"怎么啦，告诉老师，为什么又和同桌吵架，影响班级上课？这个问题我和你讲过好多次了吧？"我的语气缓和了许多，但还是带有责备。

小杨同学侧过头，欲言又止，满脸的无奈，似乎是在向我反抗：没什么好说的，反正就算告诉了你，你也不会理解我的。

又一次被拒绝沟通，但这次，我没有着急，我注视着孩子略显悲伤的脸，突然意识到他现在其实也很难过啊。这不禁让我想起了自己学生时代被老师批评时伤心的场景，一下子对眼前狼狈的小杨泛起丝丝怜悯和心疼。我拍了拍小杨同学的肩膀，抚了抚他因为气愤涨红的脸蛋，温柔地哄道："好了，孩子，不生气了，老师知道你很生气，因为老师也不喜欢被人批评……"还没等我对自己刚刚过于严厉的行为向他道歉，小杨同学的眼里就泛起了泪花。接下来，孩子终于和我沟通了，我这一句简单的话语，打破坚冰，接下来的沟通都特别顺畅，孩子承认了自己的错误，并且非常乖巧地聆听我的教导和鼓励，表示今后要不断进步，争取能够帮助老师管理班级，我们击掌为盟，孩子破涕为笑。

接下来一路惊喜，我似乎成了小杨同学心目中特别值得信任的人，虽然他一如往常的调皮，但他会听我的话，并且表现得越来越出色。我好像走进了他的内心。

通过这个事情，我感触颇多。教育应该是有温度的，是春风化雨般一个用温暖浸润心灵的过程，只有把学生真正看成活生生的人，用心去关爱他们、温暖他们，才能实现心与心之间的对话。作为班主任，在平时的工作中，我们应该多给予学生一些情感上的理解。其实道理，高年级的学生都能明白，但至于能不能让学生接受这样的道理并付诸实际行动，不能只靠没有温度的说教，班主任应该走进学生的内心，多一点爱心、耐心、真心、关心，让他们知道，老师是能够理解我，接纳我，帮助我的，获取学生的信任，实现真正意义上的交流。

做一名有温度的班主任，把更多的美好和善意带给这个社会。

班主任工作是一场修行

肖珍珍

"怎么还不交回执，规矩还不知道吗？上午让你打电话你怎么不打？"

体育课后，同学们陆陆续续地回教室，小文耷拉着头，在那接受班主任肖老师的训导。

临近开学，事务繁多，每天签收不完的回执，做不完的各种信息采集，无论学生抑或老师，都被琐事压得筋疲力竭。

上周五，禁毒须知及回执发到每个学生手中，班主任再三强调，周一务必带好交到学校，不拖班级后腿。上午快下课时，负责回执的班干部反馈就小文没交，于是肖老师让他赶紧打电话给家长看看如何处理。

于是下午第二节体育课后，肖老师到班上，刚好看到小文在那里，于是出现开头的那一幕。班主任一直追问，为何还没交，年级在催，小文一句话不说，在那儿坐着，于是班主任说了多遍"怎么办，你说"，但小文依然沉默。肖老师气不过继续呵斥，想得到确切的答案，可小文只说"家里没人，明天交"。

"今天下午放学前要交，你却说明天交，快说怎么办吧？"小文继续沉默，其他同学不敢作声，坐在自己座位上。

"铃铃铃……"预备铃响了。

"放学前还没交，今天下午不能回家，你看着办吧！"肖老师撂下一句话，走了。

肖老师回到办公室，忙了一会儿，收到年级的催交信息，于是给小文妈妈打了个电话，未接，在家长群里发了条信息，希望小文妈妈能看到电话后回复。继续查找通讯录，拨通了小文爸爸电话，接了，说在龙华上班，没法解决，会给小文妈妈电话问问情况。

半个小时后，小文妈妈电话来了。

"肖老师，实在不好意思，刚在上班，没来得及接电话，请问有什么事吗？"那头传来声音。

"小文今天禁毒回执忘带了，也似乎没给您电话说明情况，您签了吗？"肖老师简单说明了情况。

"是的，是的，他的回执我签了。上午他给我打电话了，我中午一点多送到门卫室，但是中午大家都在休息，我就给他'134×××××××'那个号码发了条信息，说让他到门卫室拿，他还没拿啊？"小文妈妈说道。

"没有呢，这个可能是学生的电话手表吧，他一直说家里没人，得明天交，没说打过电话的事儿。"

"我放门卫室了，我以为是哪位老师的电话，想着会传达给他。不好意思，给您添麻烦了，他总是丢三落四的，我都说过他好多回了。"

"哦哦，情况这样啊，那我待会放学后让他去门卫室拿，他太内向了，问他什么，都不吭声。"

"是啊，他最近有没对着空调吹啊？他最近面瘫，要每天去医院，医生说不能对着空调风扇吹。"小文妈妈有些忧虑地问道。

"不好意思，我不知道这情况，他现在还好吧？"肖老师有些愧疚。

"本来要做针灸，他害怕，所以就没有做，没事的，平时多注意就好了。"小文妈妈宽慰到。

"嗯，那还有什么需求，或者我能帮忙做到的，比如座位远离空调之类的，您尽管说。"肖老师询问。

"不用的，没对着吹就可以，谢谢您，肖老师！"

"不客气，晚点我让小文下去拿！"

对话结束了，肖老师唏嘘了一声，原来，她误会了小文。

下课铃响后，她走进教室，立即让小文去门卫室那里拿回执。在班上交代完事后，把小文叫到了窗户边。

"不好意思，老师今天下午催你时有点着急，希望你别放心上！"

"嗯！"小文用他一贯内向羞涩的方式点头答道。

通过这件事，肖老师逐渐认识到，教育是一场持久的修行，不是靠训斥便能处理好所有的事情，需要用心倾听，只有取得对方足够的信任，对方才敢表达出来，否则方式不当，对方只会封锁着内心，任你如何努力，都没法听到你想要的反馈。

教育，真的一直行走于路上。

让他静下来

管婷婷

教育是心灵的艺术，教师应以人为本，因材施教，不轻易放弃任何一位学生。尊重学生，爱护学生，让每个孩子都健康快乐地成长，是作为一名老师真正意义上的追求。而作为班主任兼语文老师，德育工作是最不可忽视的，它需要教师的耐心、爱心与责任心，真正做到了解每个孩子的特征、个性与心理等。

两年班主任工作的充实与琐碎，让我更感觉到班主任工作的辛苦与不易。班主任工作是一门艺术，班主任是班级管理的组织者、教育者和指导者。正所谓"教无定法"，班主任工作也是需要创新与创造的。在目前的班主任工作生涯中，我遇到的学生虽然数量不多，但他们都有自己的性格与特点。接下来我就一个典型案例来进行分析。

一、背景

随着经济的发展与家庭教育的缺失，许多孩子缺乏监护人的学习引导与管理，使他们在学习、心理、身体上存在着许多问题。我们学校由于刚刚建校，生源参差不齐，家长的素质能力和知识水平等也都有差距，个别孩子也出现了不合群、冲动易怒、神经过敏、暴躁爱动手、逆反心理强等问题。这些心理问题的存在给孩子的健康成长造成极大的阻碍，也给班级管理带来了极大的阻碍。在班主任工作中，我遇到的谭同学则是一个典型。

二、情况介绍

谭某某，男，八岁，一年级学生。谭同学一直是由家长陪读，会在自由性比较强的体育课上顶撞体育老师，企图打、咬体育老师，还会在放学后提议玩危险游戏。谭同学自开学以来就不服管教，因此向德育处申请了家长陪读，企图打、咬老师事件也发生了四五次，每次进行教育后，都屡次三番再犯。谭同学在没家长陪读的情况下，上课经常走出位置，扰乱课堂，做出怪异举动，扰乱班级纪律，有暴力倾向等。在家长陪读的情况下，有时也不听妈妈管教，行为举动怪异。该生家里经济条件很好，妈妈是家庭主妇，对孩子比较溺爱。爸爸是做生意的，很少回家，因此对孩子的管教时间较短，一旦管教，也是打骂为主。因此他非常需要关注。他很享受做主角的感觉，会想尽一切办法去吸引别人的目光，但是他各方面能力都不够优秀，所以当他发现坏的行为可以被老师关注被同学关注的时候，他这些行为就不断被强化。但是，不管还不行，因为他的很多坏行为都是以伤害他人为主的，有一段时间他的攻击性特别强，经常会伤到其他人。

三、采取的方法与实施过程

根据对谭同学家庭环境的了解与个性的分析，我知道对待这样的孩子必须要改变教育策略。

首先，我认真阅读了相关的教育书籍，针对孩子相关行为和心理状况有基本的认识。并就孩子的心理与学校的心理老师进行沟通，对孩子进行全面的分析。经过反思，因我刚开始工作第一年，对各种知识储备和遇到学生实际情况的处理都不是特别成熟，对于谭同学没有经常与他交流，常以教师的威严对待他，也使他产生了相关逆反心理。因此我马上转变教师的角色，多跟他沟通交流，尝试跟他做朋友。一般我利用课余的时间与他沟通，听听他内心的想法。

从他口中，我了解到他内心对于父母与家庭氛围的想法，努力与他站在同一战线。在谈话的过程中，我也努力挖掘他的闪光点，让他也感受到成功的喜悦。同时也跟谭同学的父母多加沟通，让父母也知道他的内心想法，善于倾听孩子内心，找到适合的教育方法，让他们知道一味地打骂或者溺爱都是无济于事的。尽管谭同学的行为很反复，但是我们要有耐心与爱心，教育是长期与反复的，要长期坚持下去，走到孩子的心灵深处。

其次，每当谭同学因为一些事情突然控制不住自己的情绪，暴躁起来甚至要动手的时候，我知道不能对其采取严厉批评甚至肢体接触。一般情况下我会让他自己在办公室的角落坐着冷静下来，等他的面部表情平静下来，停止生气的时候，我才会去跟他好好沟通，让他自己说出发生了什么。尽量通过这种平和谈话，让他明白这件事的对错及经过。每次只有通过这样的谈话，了解他的所思所需，有针对性地与他交流，（只有学生信任你，他才能听得进去）从而达到教育的效果。因为对他有了基本的了解后，我能比较好地把握他的内心活动，抓住他的心理弱点，让他从内心真正接受老师的批评与指正，从而去改正自己的缺点。

谭同学的事例让我在刚毕业的时候就遭遇了前所未有的挑战，但是从中我也更快地成长了。虽然谭同学的转化还是需要很长一段时间的，需要老师极大的耐心与爱心，但是我相信只要教师热爱学生，对学生抱有期待，学生是能感受到老师对他的爱的。只要我们用爱去浇灌自己的学生，他们就会茁壮成长。班主任的德育教育需要我们用尊重、信任去创新，去实践。愿每位孩子都能健康快乐成长，这样我们的德育工作才是有意义的。

后进生转化之点滴感想

江晓燕

著名教育家陶行知先生曾说过："你的教鞭下有瓦特，你的冷眼里有牛顿，你的讥笑中有爱迪生。"教育是一门爱的艺术！后进生常常缺乏信心，缺少肯定，缺少赞许，他们比其他学生更需要细心呵护、关爱体贴。转化后进生成了班级工作的重中之重。

我班上的朱洺锦同学，常常上课不认真听讲，回家作业经常不做。即使做了，也敷衍了事，或抄答案……他的基础知识掌握很不牢，就是最基本的常用字，也写不出来，成绩很不理想。他不会与同学好好相处，要么与同桌发生口角、要么与其他同学争执……每天总有学生向我告状。真令我头疼！我寻思着怎样才能转化他呢？于是，我对他多了一份关注，不论是课堂上，还是课间，我都在观察他的一举一动。我发现：他特别热心，特别喜欢当老师的小帮手，特别喜欢表现自己。每次老师请同学到办公室搬作业时，他是最积极的；每次请同学领牛奶时，他是最积极的；每次请同学监管课间纪律时，他也是最积极的，有时没请到他，他也会自己拿一本小本子在走廊上维持秩序，记下不遵守纪律的同学名字……我下定决心转化他。在我们的努力下，该生在学习和纪律表现上有显著的进步，也自信、阳光了。我在实践中获得了成功。

一、关爱学生是秘诀

巴特尔指出：爱和信任是一种伟大而神奇的力量。教师载有爱和信任的眼光，哪怕是仅仅投向学生的一瞥，幼小的心灵也会感光显著，映出美丽的图像。

后进生尤其需要老师的关爱。爱是促进后进生转化的法宝。教师对学生，只有动之以情，晓之以理，给他们温暖和耐心的疏导，以诚相待，并且付出心灵关爱，才能得到学生的信任。以前，我对后进生采用的是批评、罚站、压制等简单、粗暴的方法。他们总是不能正视老师，也不敢和老师好好说话，表面上"怕"老师，但坏毛病一点也没改，对他们转化的效果不明显。后来，经过多次反思，通过阅读有关班级管理的文章，我决心改变以往的管理方法，以爱来感化教育学生。

一次，班干部急匆匆地过来报告："朱洺锦带食物到班上。"（因为班规规定不可以带食物到班上。）

当时，我并没有批评朱洺锦，而是把他请到办公室，亲切地问他："你没吃早餐吗？"

他红着眼圈点点头。

"你们正在长身体，不吃早餐怎么行？来，在这吃饱了，再去早读吧！"我微笑着对他说。

他惊讶地看着我，眼神里流露出喜悦。他敞开心扉跟我谈了他家的情况。为了生计，爸爸妈妈早早地去摆早市，根本没时间顾他，他还能坚持按时上学。对于二年级的小朋友，他的行为值得赞赏。

以后的每天早上，我都会问他："吃过早餐了吗？"

有时，我也会偷偷地给他带一点早餐。他的作业不管完成多少，做得对还是错，我都会肯定他的点滴进步，给予爱和鼓励的评价。渐渐地，洺锦的脸上笑容增多了，特别喜欢跟我聊天。他意识到了自己的不足之处，并下决心要改正缺点。这就是师爱的力量！

二、抓住闪光点，培养信心是基础

每个学生都是不同的个体，他们有各自的性格特点，有各自的长处和短处。因此，因材施教，抓住学生的闪光点，激发学生的自信，对于后进生的转化尤其重要。

俗话说："寸有所长，尺有所短。"作为班主任，要有一双善于发现的

"慧眼"，善于捕捉每一个学生身上的闪光点，为他们创造施展才能的平台，使他们获得认可。因为你很可能通过这个小小的闪光点挖掘出他埋藏在心里头的大金矿。例如，朱洺锦同学特别喜欢做老师的小帮手，特别喜欢参与班级的管理工作。我抓住他的这个闪光点，赋予他"课间纪律监督员"的职位；请他在课间操之后领牛奶、发放牛奶；常常请他帮老师发放作业……他"忙"得不亦乐乎！觉得自己是班级里实实在在的一分子，自己能为老师、为班级出一份力，而感到高兴，感到自信。自此之后，他很少为班级添乱，投诉他的人也少了。

"你越来越棒了，老师每天都能看到你的进步！"

"洺锦，你做得越来越好了！"

在老师和同学的夸奖声中，他得到了满满的正能量，自信心倍增。整个人的精神面貌、学习和表现都有很大的改变。现在不管是课堂上，还是早读，他读书的声音总是最响亮的。他的作业书写越来越工整了，学习成绩不断提高。

三、与家长沟通是关键

家长是孩子的第一任老师。学校教育、家庭教育，是相辅相成不可分割的。因此，在转化后进生的工作中，我们要经常与家长联系，相互交流孩子在家里、学校的表现。在学生做了一件好的事情时，家校可共同鼓励他，表扬他，赞赏他；要是学生做了一件错误的事情，家校可共同教育他，劝导他。这样就强化了孩子习惯的养成和对错的辨别能力。孩子始终是要长大的。恳请家长在百忙之中抽空给予孩子优质的陪伴，多关心、督促孩子的学习。这是我常常跟家长们谈论的话题，也得到了家长们的认可。大多后进生的家长也慢慢地改变了自己以前"任孩子自由成长"的育儿观念，更多陪伴孩子了。孩子也因此进步了不少。"家庭是习惯的学校，父母是习惯的老师。"孩子们的进步离不开家长的努力，我们要通过家校共育，来缔造学生良好的习惯和健康的人格。

爱学生，把自己当作学生的朋友，去感受他们的喜怒哀乐；抓住闪光点，肯定学生的每一点进步，多给予一句信任的鼓励；家校共育，合力教育促成长。在这漫长的教育之路上，我们坚信"后进生的转化"一定不只是梦想！

不一样的家长会，不一样的温暖

——以马山头学校一年级家长会为例

卢淑芬

家长会是家庭学校共同教育的桥梁，特别是在新学校起始年级的家长会上，开得好会对学校的教育教学产生积极的影响。但是如何让家长会开得有特色，如何用行动来感染家长，如何用真诚的心来打动家长，如何用智慧去引导家长，值得我们思考。

开一场成功的家长会，凝聚家长的智慧和力量，使得家庭教育和学校教育共同发挥作用，助力班级的各项工作，培养孩子们良好的学习习惯，使得班级有积极向上的风貌，这是所有教师心中努力的方向。那么，如何让家长会开得有特色，如何用行动来感染家长，如何用诚意来打动家长，如何用智慧去引导家长？我就结合马山头学校一年级的实践体会来谈谈我的感受。

一、做好前期准备

结合各班实际情况，我们做了以下准备工作。

（一）班会主题引领，感恩父母

自入学开始，我们一直都在对孩子们进行感恩教育，通过动人的小故事、视频、图片及身边素材进行恰当的引领，培养学生学会心怀感激之情。家长会前夕，我与孩子们共同交流了开学几个月以来他们的成长，当有孩子谈到想念父母、感恩父母的话语时，及时抓住了这一点，并引领同学们大声说出对父母的爱，对父母说几句心里话，也由此确定了家长会的主题为感恩教育。

（二）全班学生打扫卫生

全班学生在劳动委员的带领下，自主打扫卫生，进行了彻底的大扫除。此外，还布置了班级，美化了教室。比如，精心设置新颖的主题标语和黑板报、张贴优秀作品、在栏杆上挂装饰品、在窗户上贴卡通美图等。教室的面貌焕然一新，让家长感受到班级的温暖。

二、全面参与，灵活创新

（一）幻灯片展示孩子们的校园生活轨迹

首先，我们播放了马山头学校宣传片，作为家长会的切入点，让家长对学校的筹备过程、学校的办学理念、特色课程和基本办学条件等有了进一步的了解。

其次，教师通常会随时使用相机记录下许多孩子在学校生活中的美好时光，这为家长会提供了真实而有趣的素材。我们记录了孩子从入学到现在的学习、锻炼和游戏等场景，并将其制作成幻灯片。孩子们的微笑随即映入父母的眼中，生动地重现了学生的校园生活，让家长清楚地了解孩子在学校各方面的表现，拉近了心理距离。特别是深圳小梅沙海洋世界——一年级研学之旅纪念册这一部分，家长们纷纷对孩子自己动手完成的旅行日志赞不绝口，它已经成为这次家长会最吸引人的亮点，并被家长誉为儿童成长的微电影。

（二）做到赏识激励

花草树木大都向阳生长，对于学生来说，那一束阳光则是教师的表扬、肯定和鼓励。在教学过程中，教师要善于挖掘学生的闪光点，细心观察和了解他们，当学生取得点滴进步和表现出色时，要在家长会这个时机毫不吝啬地送出自己的赞美声。例如，可表扬在进行探究讨论时，学生认真思考，提出的问题非常具有探讨价值，使学生增强自信。本次家长会中，我们以分类方式总结表扬，"专注之星""书写之星""发言之星""进步之星""作业之星"……细致分析每个学生的思想、行为、学习习惯和个性特征等，让家长知道孩子有许多他们从未发掘到的优秀品质。通过家长会的交流，家长也意识到了自己孩子和其他孩子之间的差异，从而想要掌握更多引导孩子进步的方法。

（三）期待每个孩子进步

为了解决潜能生问题，我们引用了铁树开花的例子。学困生就好比铁树，我们不要嘲笑铁树，它为了开一次花，付出了比别的树更长久的努力。班主任更应该给予潜能生家长安慰和鼓励，帮助家长树立起教育孩子的自信心，并充分肯定孩子的优点，让他们知道不能放弃，要相信自己的孩子可以慢慢取得进步。让家长们明确只要坚定信心努力去教育孩子，就会获得意想不到的收获，孩子终会取得进步。

（四）感恩教育

这次家长会安排在母亲节期间，我们就在学校为每个孩子录一段小视频，同时说几句自己最想对父母说的话，再将每个孩子的小视频汇总合成为一个完整的视频，为家长送上一份特别的礼物。家长们专注地倾听着孩子们的心声，随之而来的是一阵阵惊喜、感动和温暖，更多的是心灵的洗涤和沉甸甸的收获。那时，许多父母的眼里都闪着泪光。通过营造触动心扉的情景，家长与孩子共同领悟感恩、重孝等中华传统美德，在收获温暖与感动的同时，促进孩子人生观、世界观和价值观的形成。

三、"榜样的力量无穷无尽"也适合家长

"家长的老师"也可以让做得好的家长担任。利用家长会这一平台，给众多的家长创造机会，我们把家长从台下请到台上，让他们分享自己的"育儿经"，参与到教育孩子这一共同目标中。

家长们聆听着班长妈妈的话，"最有趣的就是孩子背诵的时候，经常会学老师的样子，拿我当他的学生教我读、教我背的认真样儿，哈，记得还挺快的""除了良好的作息时间，还要让孩子自己收拾书包、自己穿衣

服，学会生活自理，从小承担一部分家务，比如倒垃圾、扫地等。孩子对生活有了责任感后自然就会对学习有责任感，并且懂得照顾人，会受到同学的欢迎"。

家长们聆听着学习委员妈妈的话，"我们所期待的孩子，首先应该是一个健康的人，成绩固然重要，但我认为，树立正确的世界观、人生观、价值观更为重要，我们每位父母必须为孩子把好航。一颗正直、诚信、宽容、勇敢的心，加上充沛的精力与健康的体魄，这将是孩子一生的立身之本"。

在热烈的掌声中，我感受到了家长对育儿经验的认可，相信他们在家长会后能做出改变。这样做不仅能够让家长主动向周围的例子学习看齐，扩大家长会的影响和作用，而且为家长提供了展示自我的机会，增强家长参与的积极性、主动性和创造性，进而以创新的方式实施素质教育。

因此，班主任应善于发现班上优秀家长养育孩子的智慧方法，这不仅可以增进教师、家长和学生之间的了解，增进各方的信任，得到家长对学校工作的支持，而且能帮助学生健康成长。通过家长会上家教方法的指导，班主任能更好地同家长形成教育合力，进而带动其他家长共同成长。

四、注重反馈和沟通

学校还精心设计了"家长意见反馈表"，教师代表校方向家长征求了对学校校园文化建设、学校管理方面、教师教学方面、家校沟通等各方面的意见或建议，班主任和科任老师通过家长了解学生的困惑和疑点。家校互通可以使家长和老师更好地了解学生，并对学生的在校表现进行评价和反馈，优点得以保持，缺点得以纠正。这样的沟通增加了家校合作的深度，延伸了家校合作的长度，以便查漏补缺，更好地开展学校工作。

在家长会有限的时间里，由于部分家长工作忙，而又想要扩大家校合作的广度，我们在会后将家长会上的资料发布到网络，这不仅能够让家长更深入地了解孩子在学校的学习生活情况，还可以让家长直观地了解班级建设情况，从而认可学校教育。班主任再通过班会课与全班学生一起分享反馈意见，使家校沟通进一步深化，有利于学生的健康、全面发展。

如此一来，家长会可以使教师和家长形成共同教育管理好学生的互信、互助的合力，让学生能在更健康、更和谐的环境中幸福成长。教师和家长配合得好，教育效率就能得到提高，学生在成长中就能少走弯路。

见过它的荒芜，才懂它的绽放多令人感动

张小莉

"见过它的荒芜，才懂它的绽放多令人感动。"看到玲子朋友圈里的这句话时，我刚给孩子们上完两节课，他们困得东倒西歪，我讲得兴致盎然的两节课。

我并不怪他们上课睡觉，我总是有种抱歉的感觉，那一定是我讲课不够精彩，他们觉得不容易接受，或者我的课堂活动安排有欠缺。我总是抓紧时间跟他们讲啊讲，好像特别珍惜在一起的最后这五十多天的日子。

这两天的课，我课程安排得很满。我给他们讲现代诗歌里的你和我；给他们讲从人民银行到创办长江证券，从北大光华到石门坎的陈浩武；给他们讲身患癌症在病床上为中学生编辑人文素养读本的深圳中学教师马小平；给他们从任课老师的一句话讲到傅雷的"赤子孤独了，会创造一个世界"，从一个作文题目讲到爱因斯坦的"看一个人的价值，应当看他贡献什么"的价值观……

我看到自己挥舞着双手，好像要抓住什么似的，竭尽全力地挣扎，奉献出我所有的忠诚。

然而，我知道，他们听不懂。或者只是现在听不懂。但我不怪他们，我见过他们的荒芜。

还记得刚来深圳的时候吗？这是个新建的学校，我从山东来，他们从各个民办学校转来，也有几个是公办学校转来的，各有各的原因。能在初二转学来重新适应新的环境，也许他们真的是为了能够拥有一个新的环境吧。

我虽然对教学很有信心，但他们还是让我有些猝不及防。我凭着原来的经验和热情努力，但那些倾心的付出就像火一样，烧尽的是我自己。

同学们自我介绍后我找了一个表现不错的女孩子谈话，她妈妈也悄悄留言给我说看看能不能给孩子个表现机会，在班里负责点什么工作。我很认真地找她出来，低头跟她商量。她不看我，身子一直斜向旁边，我不得不转动自己随时面向她，可没有什么用，谈话进行得很艰难，我始终无法看到她的眼睛。等到第二次谈话的时候，她很不耐烦地告诉我："我希望这是你最后一次找我谈话。"

我始终想不明白，我们是怎样结下了梁子。后来我上课的时候，她会用特别轻蔑的眼神瞟我一下，也会经常跟旁边的人窃窃私语指指点点。那段时间我不敢找她谈话，甚至不敢正视她，在那样荒芜干燥的原野上，没有办法开出灿烂的花。

直到有一天，我忽然意识到，她不是对我一个人这样，她的交流方式只是习惯所致。我忽然悲悯地想道：我们每一个人，都带着自己的故事走来，那背后的故事呀，有的凄凉，有的仓皇。那些压在心里的故事呀，要怎样才肯释放那探向未来的脚步。

而他的情绪就要强烈浓郁很多，第一次上课他就直接申请到外面走廊上站着，理由是不愿意听我废话。这样连续了三次之后我没再允许他这样做。我当然明白他的想法，存在感对每一个人都很重要，但表现的形式各不相同。我们一直在你退我进、我退你进的拉锯战中互相试探、互相了解。他对所有的学校都有敌意，他说所有的老师都是刽子手，但他对同学对老师又出奇的谦卑和恭敬，你无法在他憨厚的微笑着的脸上看到任何敌意。唯独对我。

那些肆意的呼喊，那些尽情的憎恨，都是在我的面前才会爆发和流淌。我看到他的愤怒，他的无助，他带着伤痕尽情地挥舞着绝望。我告诉自己情绪要由我来控制，我是教育者，应该有稳定的内心和强大的力量。

心理老师告诉我：安全感的寻找很多时候是用挑战来完成的。你看起来无理由的存在，那是试探和建立信任乃至建立安全感的过程。每一次，我都会记得这些话。现在想想，那些看起来绝望的荒芜的故事啊，同时也在哺育滋养着我的成长。

我向每一个渴求成长寻找自我的生命致敬。他们的每一次的寻求和冲突，都有着属于生命本真的价值和意义。她和他都在努力地生长，充满挣扎地努力着。我能捕捉到她躲闪的眼神，和低到她自己也听不见的"老师好"；我收到过他的信件，语言那么流畅，还有他给我的五彩斑斓的小石子。

是的，每一朵花开放的花瓣和颜色都是不一样的，我们唯一要做的，就是看见他们背后的荒芜，静静地用爱去浇灌，等待他们慢慢舒展慢慢开放。

我经常会想起他憨憨的笑，我心里很感激他，他用自己特别的方式教会了我些什么。而她，最后一次网课提交的作业她给了我这样的留言：

从她的笑容，你读出的不仅是善意友好，更有宽容和奉献。她时常生气，但你读出的不仅是生气，更是对你的又爱又恨和无可奈何。她将青春岁月，留给了她依恋的你们。"相信、自律"是她一贯的教学风格。她总是告诫我们"慎独、当仁不让、学会孤独"。她曾经是"尔雅之家"的班主任，现在是九年级的语文老师。

颁给张小莉。

这是我万万没有想到的。

谁又能说是我在做教育呢？在荒芜的沙漠中，我们一路跋涉，四处突破，我们如困兽般或愤怒或绝望，有的时候枯萎，有的时候奋起，在最干枯最恶劣的时候，我们依旧顽强地互相点亮，从不放弃。

是的，是他们，用他们荒芜的枯萎的过去，努力挣扎，努力开放；是他们，一直在滋养着教育着我，告诉我一些生活的模样。

陪伴是最好的教育

丘燕飞

什么是陪伴？陪孩子吃饭，陪孩子聊天，陪孩子谈谈心，陪着孩子慢慢长大，在孩子成长的关键期帮孩子一把。哪怕再忙，也要给孩子一个电话或一封家书与子女交流，让孩子时刻感受到父爱的伟大、母爱的温情。陪伴不仅是身体陪伴，更重要的是精神陪伴。

美国前总统奥巴马是一个很注重家庭教育的父亲。在竞选总统期间，各种事务纷至沓来，他几乎每天都忙得焦头烂额。美国总统的选举期长达21个月，不过有一件事情是他坚持得最好的，也是他最引以为豪的。这件事情是什么呢？那就是在长达21个月的时间里，他从没错过女儿们的家长会。也就是说，在奥巴马的世界里，竞选总统与女儿的家长会相比，家长会更重要。并且，奥巴马在担任总统期间，每天晚上都会和女儿们共进晚餐，并且耐心地回答孩子们的问题。他有一句名言可以给我们以启示："我不可能做一辈子的总统，但却要做一辈子的爸爸。"

今天能来开家长会的都是和奥巴马一个档次的大人物，在此，给克服困难来参加家长会的家长一些掌声。

陪伴最好的教育，怎样才能做好陪伴工作呢？我想和大家讲两个故事，一位是充满智慧的母亲陪伴儿子成长的故事，另一个是我自己陪伴女儿成长的故事。

第一个故事的名字叫"一位母亲与家长会"。

第一次参加家长会，幼儿园的老师说："你的儿子有多动症。在板凳上连三分钟都坐不了，您最好带他去医院看一看。"

回家的路上，儿子问母亲："老师都说了些什么？"母亲鼻子一酸，差点流下泪来。然而，她还是告诉她的儿子："老师表扬你了，说宝宝原来在板凳上坐不了一分钟，现在能坐三分钟了，其他的妈妈都非常羡慕妈妈，因为全班只有宝宝进步了。"

那天晚上，儿子破天荒地吃了两碗米饭，并且没让她喂。

儿子上小学了，家长会上，老师说："全班50名学生，这次数学考试，你儿子排第49名，我们怀疑他智力上有些障碍，您最好带他去医院查一查。"

回家的路上，母亲流下了泪。然而，当她回到家里，却对坐在桌前的儿子说："老师对你充满信心。他说了，你并不是个笨孩子，只要细心，会超过你的同桌，这次你的同桌排在第21名。"

说这话时，她发现，儿子暗淡的眼神一下子充满了光。第二天上学时，他去得比平时都要早。

孩子上了初中，又一次家长会，母亲等着老师点她儿子的名字。直到结束，都没听到。她有些不习惯。临别，她去问老师，老师告诉她："按您儿子现在的成绩，考重点高中有点危险。"

母亲走出校门，此时她发现儿子在等她。她告诉儿子："班主任对你非常满意，他说了，只要你努力，很有希望考上重点高中。"

高中毕业了。儿子从学校回来，把一封印有清华大学招生办公室的特快专递交到她的手里，突然转身跑到自己房间里大哭起来，边哭边说："妈妈，我一直都知道我不是个聪明的孩子，可是，这个世界上只有你能欣赏我、理解我……"

这时，她悲喜交加，再也按捺不住十几年来凝聚在心中的泪水，任它打在手中的信封上。

第二个故事是我陪伴女儿成长的故事。

我女儿读一年级时，厌学情绪严重、写作业总是哭哭啼啼，第一次月考英语考了36分，数学78分，语文也是83分，全班是倒数的成绩，为了改变孩子厌学的学习状态，开始陪孩子写作业，我告诉女儿："你不会做的题目，可能我也不会，如果你读了三遍都还不会的题目，就我们一起来做。"

在教孩子的时候，我也要孩子说出题目意思，再教些画图理解的方法，打比方的方法，对比的方法等。在陪孩子写作业时及时鼓励、表扬孩子的进步，鼓励孩子独立思考习惯，表扬孩子克服困难的意志品质。在考前帮助孩子复习易错题目，同时告诉孩子考试的方法，先做会的，再做不会的，做完试卷要检查3遍，并估计自己的分数。让孩子自己设定不同的等级奖励，其中100分是100元，100分是完美，一定要让孩子在小学中高年级有考100分的经历。

孩子在写作业时，我们家会关上电视，家人看书陪伴。孩子渐渐喜欢上了学习，成绩也能在班级前十名，三年级还代表学生讲话。她参加了学校的主持人社团、书法社团、琵琶社团，变得积极乐观。从小学二年级开始，她写作业、做事都很自觉，基本不用怎么操心。

四、五、六年级我自己去申请教孩子的数学，自己教是为了培养孩子思维的习惯，提高学习的效率，从而有更多课外学习的时间。

初中学习辛苦，尤其初一数学比较难，为此，我就陪孩子刷书本的题目。我两人一题一题地做题，目的是告诉孩子，学习数学，就是要把每道题目，扎扎实实地过关。我也经常让孩子在车上背公式，经常鼓励孩子用感恩的态度去读书，感谢老师，也要为自己幸福生活而读书，更要为家族兴旺而读书。平时陪孩子一起做数学题目，陪孩子跳绳，做仰卧起坐。

在陪伴孩子的成长过程中，我也有做得不好的地方。

第一件事是孩子上小学时，没有让她积极参加体育锻炼，这样到了中学体育考试就吃亏，读书、工作有时候就是拼体能。

第二件事是孩子小学六年级时，因为我工作调动，来到下村小学工作，结果孩子经常会拿手机查资料，慢慢地就开始用玩手机，导致成绩波动较大。如果想要毁掉一个孩子很简单，就送他一部手机。

我希望每一位父母，都能像故事里那位智慧的妈妈一样，在孩子最困难的时候，能够给予他们足够的支持和爱。在心灵上陪伴孩子，这是父母的本性，也是为人父母的责任。如果没有父母最无私的帮助，孩子的心灵便是一片沙漠。

最后，用奥巴马总统的名言与大家共勉："我不可能做一辈子的总统，但却要做一辈子的爸爸。"

特色活动丰富班级文化

——以学币超市为例

王雨晴

班级特色活动的开展不仅利于学生的学习，还有助于养成学生的优良品德，打造班级特色文化建设。开展特色班级活动需要符合学生的年龄性格特点，有一定的教育意义。学币超市活动的开展强化了学生良好的学习行为习惯，使班级形成了优良的学风，打造了良好的班级文化氛围。

一、案例背景

班级文化建设是班主任建设班集体的重要环节，通过班级文化建设可以培养学生团结友爱、热爱生活、关心集体的风气，使班集体充满生机和活力，增长学生的知识，开阔学生的视野。

但在班级文化建设方面普遍存在活动形式单一，缺乏创造性和自主性，学生参与度较低等问题。而建设优秀班集体的有效形式和途径之一就是举办丰富有趣的班级活动。班主任需要针对学生的年龄特征和心理特点，开展特色班级活动，寓教于乐，满足学生的兴趣需要。

二、案例描述

（一）活动理论支持和目的

学币超市是以代币制为理论基础的班级活动。代币制是斯金纳操作性条件反射理论下的方法之一。斯金纳认为人的一切行为几乎都是操作性强化的结果，人的任何习惯都可以通过及时强化习得。

我作为一名小学低年级班主任，结合学生生性活泼充满好奇心的特点，制定了适合本班级的学币发放规则，举办了学币超市活动，通过该特色活动丰富了班级文化，充分调动了学生的学习积极性，学生均表现积极良好以换取学币，累积获得的学币可以在学币超市中购买自己想要的物品，因此学币超市活动强化了学生的良好行为习惯和学习习惯，使班级形成了良好的学习风气。

（二）实施过程

在平时的学习生活中，班主任和学生共同制定奖励和扣分细则，各科教师也统一通过发放学币作为学生的奖励。学生作业优秀、课堂表现良好、成绩进步、助人为乐等等都可以得到学币。在发放学币过程中，各科教师也会结合自己的学科特点制定适合各学科学币的发放细则。例如本班级语文和数学教师会借助班级优化大师（以下简称班优）作为辅助加分工具，学生课堂举手回答问题、课堂认真听讲、作业优秀等可直接在班优上加分，每节课学生均能获得加分机会，每累计十分可找班主任兑换一枚学币。本班英语教师习惯采取盖小印章的方式，因此英语教师规定每获得三个小印章可以去英语老师那里兑换一枚学币。

学期中或者学期末举办学币超市时，由家委会统计每个学生的学币数，并根据实际情况换算成人民币后去超市采购，再对教室进行布置，教室化身小小学币超市，学生可以拿着自己的学币兑换自己需要的物品。

在发放学币的过程中有如下创新可取之处：

1. 分时间段强化学生行为

发放学币的好处就是更容易通过操作性行为强化学生行为习惯。班级图书角刚开始建立起来时，每个小朋友都爱看书，可是每天放学后书架上却是乱糟糟的。班主任在班级示范了一次整理书架之后，特意在全班面前表扬了第一个默默整理书架的学生，并发放了学币。其他同学纷纷效仿，而后每天都有学生积极主动地整理书架。通过持续几天的表扬和发放学币后，学生们养成了自主整理的好习惯。

2. 辅助其他活动顺利开展

每当学校举行大型活动时，学币能很好地帮助学生维持活动会场的秩序，提高他们对活动的参与度。例如在学校举办数理文化节时，每个班分时间段分会场进行参观和体验。每个学生都抑制不住激动的心情，但是在学币的"诱惑"下，孩子们秩序井然。在每日的广播操大课间时间，利用口头表扬加学币奖励，学生们做操动作更加规范标准，绝不敷衍了事。其实在广播体操比赛和运动会入场式训练的时候，利用班优加分也是同样的道理，学生们只要认真努力就可以加分，形成良性循环。在学生的日常常规管理中，班主任要善于用表扬奖励来鼓舞孩子，尤其是低年级学生，他们更信赖老师，尤其注重老师的表扬。

3. 养成学生保管物品的好习惯

发放学币之后，要求每个学生都要自主保管好，一旦丢失一概不补，捡到学币的学生不可以占为己有，需要上交给老师。明确这一规则后，每个学生都小心翼翼地保管着自己的学币。学币几乎每天都会统计更新，所以学币数在学生面前透明公开，成为激励他们积极向上的一种方式。刚发放学币不久，常有学生伤心地和我哭诉丢失了学币。后期次数减少，几乎每个学生都能很好地管理自己的学币了。记得临近举办学币超市的前几天，一位家长下班后打电话和我说孩子的十几个学币放在家里，但是由于父母的疏忽找不到了，问我能不能补给孩子。我坚决说不，要让学生明白自己的东西就应该自己认真管理好。这名学生伤心了一晚上，所幸后来她的学币找到了。

4. 学会积极沟通，乐于交流

在每日统计学币时，一些学生会沮丧地说自己因为疏忽少了几个学币，而因表扬而得到学币的学生在统计学币时会开心而自信地告诉我因为表现好被哪位哪位老师表扬了。其实每日统计学币的时候就是我和学生的每日聊天小结的时刻，孩子们或愉快或略带失望地向我描述着他们一天的表现。回到家后，每个孩子会把关于学币关于校园的学校生活和父母再次分享。据家长描述，放学爸妈一接到孩子时，分享便开始了。因为学币超市的活动，每个孩子都更愿意表达自己，这也是学币超市活动带来的隐形效果。

5. 学会为自己的行为买单

值日生课间会例行检查学生的日常表现，并有权对班级进行扣分，这与每周的红旗班息息相关。平时班主任会向孩子们灌输班集体的概念和班级荣誉感，每一次的活动和比赛都逐步巩固班集体的凝聚力，因此孩子们知道每周的流动红旗意味着优秀班级。因此我规定如果因为个人行为被值日生扣分影响班级荣誉要被没收一个学币。第一次一位学生忘记佩戴红领巾被值日生扣分，其他学生纷纷告诉我，但是这个孩子在我的课上主动交还给我一个学币，批评她被扣分的同时我也表扬了她的敢做敢当勇于承认错误。此后，但凡我们班的学生被扣分，他们都会主动上交学币作为惩罚。每个孩子被教育成自己的事情要自己负责，不管是对学币疏于保管，还是不小心被扣分都要承担后果。

三、案例思考

一开始我们班用班级优化大师作为奖惩机制，可是学生只能通过班级电脑或者家长手机上的App查看自己的得分，略显得虚拟，无实物感。我通过思考决定将班级优化大师与学币结合使用，沿袭原有班级里较成熟的班优的加减分制度，10分换取一学币到学生手里，学生感受到学币的来之不易，更加珍视学币，也促使学生更加谨慎不犯错而失去学币。尹梓瑜是班级里第一个满20个绿色的1元学币兑换成一枚20元的橙色学币的学生。在她兑换时，全班孩子都非常激动，其他学生的眼神里透露着羡慕和像她看齐的决心。

一年级学生刚好学习了100以内的加减法，即将步入二年级的他们就要接触到元、角、分了。而在《元、角、分》这一单元的学习中，学生普遍反映较难，因为现在微信、支付宝付款较多，学生很少用现金买东西，缺乏生活经验。三年级数学学习中其中一授课内容是《小小商店》，所以学币超市活动一直开展下去，对他们今后的数学学习也是极为有益的。学币超市活动的开展不仅符合他们的年龄特点，也符合他们所学习的知识内容。其实小学班主任可以多举行一些诸如此类的活动，例如跳蚤市场、飞花令、辩论会等等。

在采购学币超市的物品时，孩子们成了一个个小吃货，提议老师多买一些吃的，家委提议买一些文具、蔬菜、水果，还有盐之类的，这让学币超市成了一个真正的小超市。超市开业时，学生们依次候场选购，学币超市中还设置了一些限购的商品，为活动增添了趣味。整个活动中会有家长义工帮忙维持秩序，并充当小小售货员。学生选购商品时，需要自己对想购买的物品进行预算，而后选购，付款时也需要自己先算价格。学生在活动中模拟真实生活场景，还锻炼了学生的口算能力。

班主任在进行班级文化建设过程中应当好好利用家长资源，多和家长沟通。开展班级活动时也可以邀请家长参与，让家长配合班级文化建设。其实家委会就是班主任的一个智囊团，有时他们能给我们提供非常好的建议。

整场活动下来，学生、参与的家长和我感触颇多。家委当时采购了3套毛笔，售价定为20元，4袋盐售价为1元。本来我们都会以为这两样东西会最后销售出去甚至滞销，可事实是这些都是最畅销的。田恩羽同学总共只有23个学币，但是她毅然决然抢先买了一套毛笔；梁宇锋同学买了一袋盐，说妈妈做饭要用到，这也让他妈妈十分感动；胡明威同学作为小男生买了两根头绳，说要送给妈妈。小小活动还可以看出孩子们的一片孝心。活动后家委提议下个学期还要在学币超市中添置菜和肉类，让孩子们知道粮食之贵，从而不挑食不浪费粮食。

以学币超市特色活动为载体，该活动丰富了学生的校园生活，潜移默化地影响了学生的习惯和品德，打造了特色班级文化和良好的班级文化氛围。尤其是我们小学班主任更应当举办特色的多元活动，提升班级文化建设质量和学生的幸福感。

让孩子成为自己的无限可能

田　娟

随着社会的发展，作为一名语文老师，更作为一名班主任，我越来越意识到孩子的无限可能。每个孩子都有自己的独特性和自己的发展规律，成绩只是孩子人生的一小部分，强求不得。而教育面对无限可能的生命，我们需要做是正面引导，激活儿童的生命力量，让学生自己意识到自己想要做的是什么，而不是由父母和老师做决定。一旦当他们开始懂得了，他们就会自觉地督促自己的行为，成为自己想要成为的人。

我们班有个学生就是如此，她叫周慧音，记得一开始接手这个班的时候是二年级，我并不知道有这样的人存在。一个二年级语文考试能考9分的人，要不是态度有问题，要不就是人的智力有明显的问题，可是后来知道她不属于这两种任何一种。周慧音外表看起来活泼开朗，有礼貌，第一次找她谈话，我没有直接聊成绩，她对答如流，过程非常愉快，完全看不出这是一个能考9分的学生，那考不好肯定是考试时的态度问题。于是我拿出这张试卷，第一题是看拼音写词语，我让她拼一拼，发现她不会拼。当然，拼音很难不会拼很正常。于是我让她拆分成声母韵母再拼，发现她连声母韵母都不认识，这时候我有点着急了，外表看来这么可爱聪明的孩子，难道一年级没学过拼音。这个疑问我决定等会问问她家长看看具体情况。于是到了第二题，我想让她读题，发现更可怕的事情发生了——她不识字。这不是一个二年级学生的正常状态啊，难道一年级她是直接跳过去的吗？她回去后，我打电话给家长，向家长了解了周慧音的情况，发现家长也很头疼。孩子一年级老师也是经常联系家长，假期也报了相关培训班，家长也在家里积极辅导，就是没有用。这就激起了作为一个年轻老师的斗志，家长配合，学生也没有其他问题，怎么成绩会这么差呢？接下来我制定了"周慧音专属学习方案"，立志要把她的成绩提上去。

在接下来的这一段时间里，我相信周慧音也至今难忘。基本上就是一下课就来我办公室读课文，中午午休前，下午放学后，只要一有时间，我就叫她坐在我旁边，从第一课《小蝌蚪找妈妈》开始，我的计划是先读课文，识字，只要能把所有课文读完，那么识字不成问题。刚开始我信心满满，也得到了家长的大力支持，想着周慧音马上就要改变了。

可是第二次考试的时候，我发现我错了，不识字的问题，不是她不认识，而是她根本记不住。不管你教多少遍，她就是记不住。比如，有一次练习给"观"组词，"观"字是在《坐井观天》里才学的，但是周慧音不认识这个字。于是我让她打开书本，看书本的插图她知道了这个课文是《坐井观天》，然后我让她把书本关上，再认这个字。她还是不认识。我让她再打开书本一个一个对照，她才能十分不确定地说："这是'观'字吗？"当时的我连一点耐心都没有了，我之前的信心在这一刻荡然无存。看来靠老师个人努力是不行了，于是我发动了班级里的好学生陪她读课文，给家长支着该怎么提高她的学习成绩。周慧音在学校超额学习后，回到家里家长也进行了"一对一VIP"补习，我在课堂上更加关注她的学习状态。那一段时间我的眼里只有周慧音，周慧音的世界里也只有我。经过一段"地狱式"的学习，在下一次考试的时候，周慧音考了21分。看着分数进步了，但是本质上没有任何变化，得分的地方基本是选择题和连线题。这一段时间里所有人都围绕着周慧音，还是没有什么进步，而且可以看出来周慧音越来越不自信。有一次放学，我把她叫过来读今天学习的课文，发现即使自己已经读了几百遍的句子，也不敢确定地读出来，总是用一种探究的眼神看着我的表情，害怕自己读错，但是还是在假装微笑，强装镇定。这一刻我突然意识到自己是不是给了她太大的压力，所有想要提高她学习成绩的措施，都是我自己的一厢情愿，是不是我操之过急了。

在接下来的时间我一直在反思自己，周慧音成绩不好，像我这种希望勤能补拙的方式真的适合她吗？这种传统的方式似乎让她更加不自信，更加小心翼翼了。我现在这种以为是为了她好的方式是不是正在伤害她呢？

于是我上网查了周慧音的情况，每个学生都有自身发展的差异性和特殊性，通过多次和家长的沟通了解到周慧音可能患有阅读障碍症。简单来说，这是一种大脑综合处理视觉和听觉信息不能协调而引起的一种阅读和拼写障碍症。要特别注意区分它和那种因为智力低下而引起的阅读障碍症，具有这种症状者很多都智商极高，甚至是天才型的人。它的表现特征主要反映在识字阅读方面，其原因也是复杂而多面的，但儿童时期可以进行科学矫正。

本着这个信念，我开始重新制定周慧音的教育方案。我不再让周慧音觉得成绩不好就是差学生，让周慧音自己转变观念，树立信心。我开始培养她的其他兴趣，比如周慧音喜欢唱歌，从她妈妈那里得知她还会跳舞，于是我找到机会会让她课前唱唱歌。在接下来的时间里，虽然周慧音成绩没有什么变化，但是明显感觉到了她比以前开心了，不再愁眉苦脸，见到我也非常热情地打招呼。除了学习以外像才艺表演、打扫卫生都是做得极好的。特别是这学期疫情结束后返校，让我震惊的是有一次周慧音作业没有完成，我问她怎么回事，她哭着对我说："我这些题目不会写，所以没有写，但是妈妈会告诉我答案，以前我会按照妈妈的答案写，但是我现抄下来的答案有什么用，我成绩这么差，我想要好好学习……"她的这段话让我颠覆了我对她的认知，原来如果一个孩子自己意识到了一件事情是自己必须做的，是不需要老师强行改变的。

通过这件事情，我知道了，每个孩子都有自己的发展轨迹，我们老师能做的只能引导，而不是主宰。每个孩子都是自己的天使，都拥有自己的人生。他们的发展有时候只是和别人不同而已，没必要大惊小怪，必要的时候放下每个学生不强迫他们必须走在老师设定的轨道中，让学生拥有自己的人生也很重要。现在的周慧音，虽然成绩依然没有什么变化，但是她参加了班级的《故事大会》比赛，取得了好成绩，同时也赢得了全班同学的赞赏。最近又参加学校排箫队的训练，越来越多才多艺的周慧音，以后一定会越来越好。

总之，作为一名教师兼班主任，不仅仅需要教书，更要关注如何育人，不断提高学生的综合素质，让学生成为德智体美劳全面发展的人才。

心灵的触摸

熊 洁

三年级曾经教过一个孩子，他的名字叫小豪，他是一个特别特立独行的小孩，常常莫名其妙地在上课时接老师的话茬，平时骄横跋扈、情绪化、任性，由着自己的性子，想怎样就怎样，从来不肯午睡，班主任和科任老师，也耐心地对他进行多次批评教育，但效果甚微。

开学第二周，我想检查下班上的午休自我管理情况，就不安排任何小干部管理。提醒孩子们要安静睡觉后，我便回到办公室继续改作业。过了一会儿，我在办公室里隐隐约约听到教室里传来一阵阵喧哗声。我赶紧去窗口看，好啊，整个教室如炸了锅，说话的、聊天的，干什么的都有。

我冲进教室，说："怎么回事，是谁在吵，你看到了什么，听到了什么，都写出来。"说完这段话，我踩着高跟鞋扭头就走。教室里顿时鸦雀无声。孩子们一个个掀开小被子，坐了起来，乖乖地拿出本子写说明书。

通过说明书，我了解到中午有哪些孩子不午睡。为了整顿午睡纪律，我发狠了："今天中午谁不午睡在讲话的，谁放学后就在教室里睡半小时，以作惩戒。"

家长们几乎都支持，我在Q群上向家长通报了被罚的名单，小豪自然名列其中。

大多数被留的孩子只睡了十多分钟，我就让他们回家了，只是"小戒"一下。

小豪被我留到了最后，他在办公室哭着吵着要回家，他妈妈也一直在门口等他，看着别的孩子都是家长开开心心地来接，我真的很不忍心，但我告诉自己，没有阵痛，换不来孩子的崭新面貌。这是他第一次尝到除了批评外实打实的"惩戒"，让他承担了身处集体之中而不遵守集体纪律的后果。

我把他叫到身边，温暖地拥抱了他一下，看着他的眼睛，真诚地说："小豪，熊老师真的很喜欢你，是把你当作自己的儿子一般看，我今天留你最后一个走，不是看不起你，而是想帮助你。因为，你是一块金子，一块蒙了灰尘的金子，灰尘把你身上的亮光全部遮住了。"我一字一顿地告诉他。

听到"金子"这两个字时，他的眼眶里突然溢满了泪水，大颗大颗的泪珠顺着他的脸颊往下掉。我捧起他的小脸，轻轻地帮他擦拭泪水，告诉他："你身上有很多优点，比如脑子聪明、头脑灵活、思维敏捷、愿意为班级做事等；你只有一小部分缺点，不能安静午睡和爱说小话等这些小缺点导致你这块金子蒙上了许多灰尘，让大家看不到你的光芒。我们就先从第一个缺点——午睡开始改起吧。我知道你从小就没午睡的习惯，那熊老师先给你一个午睡的底线——你可以看书，可以睡觉，但绝对不能发出声音和走动，不能打扰其他同学午睡。这是一个底线，你能答应吗？"

小豪说到就到，我与他勾了手指。

那天以后，每当午睡铃声响起，他就捧起一本书，安静地坐在自己的座位上阅读。

我看在眼里，喜在心里。从对小豪的教育，我感觉到，每位班主任都可能遇到过像小豪这样调皮捣蛋的孩子，当他们犯错后，老师耐心地批评教育，但他们屡教不改，甚至愈演愈烈，特别让人头疼。而此时老师的一个拥抱胜过以往的责骂，会收到意想不到的效果，正所谓"无声胜有声"。通过身体的接触，带给孩子积极情绪和支持；通过谈心，触摸他们的心灵，让孩子感到温暖，那我们的教育就离成功不远了。

每一个心灵都渴望被温柔以待

晏仁瑞

开学前梓哲妈妈给我打电话，说家里的娃管不了了，希望开学得到心理老师的帮助。我当时非常诧异，这个孩子声音轻轻的，长相普通，平时干什么都很积极，也很乐于助人，是我喜欢的小甜心。起初我以为家长只是一时冲动，在十分焦虑不太理智的情况下给我打电话，心里并没有十分在意。

昨天学校要求特殊学生建档，他妈妈又跟我讲了很多，说孩子心理有障碍，沉迷游戏，与父母关系紧张，有轻生的想法，被父母批评时会拿刀保护自己。我惊呆了，瞬间感觉问题严重。我强压着内心的惊涛骇浪安抚了家长，并赶紧联系心理曹老师，请求帮助。晚上睡觉，我心里想着这个娃，一夜辗转难眠。也许是因为从业不久，我一直以为这样的学生是极少的，从未想过会出现在我的班上。

第二天，我特别留意了他上课的状况，感觉不太有精神，无精打采的。中午我找来梓哲聊天，问他喜欢爸爸还是妈妈，企图在家里寻找一个可以影响他的人，还好他说喜欢爸爸，那事情会更容易一点儿。我夸奖了他的积极举手，认真听讲，问他是不是还愿意像以前一样帮助我，做我的小助手、小迷弟，他肯定地点点头。我继续跟他聊，告诉他开学以来我还没有单独找过任何一个人，他是第一个。这个时候他的眼神里终于有了光，头微微抬了抬，半信半疑地问我："你没有找过其他人吗？"我认真地回答："是的。"然后问他知不知道为什么老师第一个就找他。他想了想说："因为我的状态不太好，成绩下降了。"我说："你只答对了一半，最主要的是因为我喜欢你啊！"他抬起胳膊擦擦眼睛。我见势就拉住他的手说："你不会让晏老师失望的，对吗？"他用力地点点头。我把他拉得更

181

近一点儿，抱抱他说："老师相信你。"

愉快的交谈之后，我赶紧联系了孩子的爸爸，告诉他孩子目前的状况很复杂，可大可小，希望他引起重视，能多陪陪孩子，多带孩子出去走走，多多关注孩子的需求，尽量鼓励肯定孩子的微小进步，发现他的优点和长处，而不是总是提要求和打骂。爸爸表示以前确实对孩子要求比较严格，期望很高，没想到变成现在这样，以后会多注意这方面，尽可能理解和支持孩子，尊重他的想法和决定。

当天晚上，爸爸第一个把孩子的作业拍照给我，第二天课堂上，梓哲又恢复了上学期的乐于思考、积极举手的状态。六一拿到礼物，这个腼腆的小男孩高高地举着刚发的棒棒糖，小声地说："老师送给你。"一阵阵暖流在我心中激荡，我调皮地问："为什么送给我呢？"他说："因为你美。"

此时此刻，我的内心比所有的小朋友更开心，更激动！陶行知说过："绝对不要轻视小孩子的情感，他给您一块糖吃，是有汽车大王捐赠一百万的慷慨，他写字想得双圈没得着，仿佛是候选总统落了选一样的失意。"一个幼小的生命由衷的、诚挚的夸赞和宠爱，还有什么比这更珍贵的呢！

我真希望正常的学习生活能缓解他们的亲子关系，希望被需要和被喜欢能让孩子感到生活的美好，希望梓哲始终阳光快乐，平安健康！抬头看看，窗外的凤凰花仿佛更灿烂绚丽了！苏霍姆林斯基教导我们："教育，首先是关怀备至的，深思熟虑的，小心翼翼地去触及年轻的心灵。"

未来的漫漫征途，我将以此为训，用我的力量温暖学生幼小的心灵。

为自己开一朵花

周维珍

"让每一个学生在学校里抬起头走路。"这是苏霍姆林斯基心灵的召唤。看过这么一段话:"如果一个孩子生活在批评中,他就学会了谴责;如果一个孩子生活在鼓励中,他就学会了自信;如果一个孩子生活在认可中,他就学会了自爱。"

班主任工作辛苦且不易,有欢笑,有泪水,但我最大的感受则是充实与成长,这一点可能是没有当过班主任的老师无法体会的。班主任工作是一门艺术,班主任是班级管理的组织者、教育者、指导者,其工作对象是人,是有思想有情感有个性的活生生的人,是正在成长的一代新人。因此管理班级是一项艰巨的工作,它不仅需要爱心、耐心与细心,也需要一份柔软。接下来就来谈谈自己在班级管理中的德育案例。

作为职场菜鸟,我初来就遇见了一个很活跃的班级,孩子们初上小学,对学校里的一切都充满着好奇与警惕。妍妍因为环境陌生连续一个礼拜不愿意走进学校,我不得不每日早晨在校门口连哄带骗地把她领进教室;祺祺因为想念妈妈,上课的时候总忍不住默默流泪,我只能充当妈妈的角色搂着她告诉她妈妈需要工作,而你也需要工作。直至一个月后孩子们互相熟络,才缓解了孩子们对小学生活及班级的不适。开学第一课,我除了告诉他们一年级的学生应该遵守的规则,还告诉他们,老师希望你们是自信勇敢、善良积极的孩子。所以在后续的班级文化建设中我也着力于孩子们的性格养成教育,给更多的机会让孩子们展示自己的优点和长处,克服自己的害羞与胆怯。

虽然班级的各项工作都稳步进行,但是意料之外的事情还是在开学一周后出现了。霖霖在开学的第一周完全没有表现出任何异常,上课的时候安安静静不开小差，下课也只是坐在自己的座位上画画，这让老师们都以为他是一个内向的孩子。直到第二周，他开始不认真听课，上课开小差，甚至在课堂上捣乱。上课期间他不听老师的劝阻在教室里不停地跑动，甚至在老师讲课的时候在黑板上画画。下课了，他就拿着同学们的文具盒等随意丢弃，将水倒在前后桌同学的桌子上。其他的任课老师对他好言相劝依旧没有任何改进，这让老师们都头疼不已。后来和家长沟通以后才知道，父母长期因为上班的缘故对霖霖疏于教导，导致孩子较为叛逆，行为习惯养成较差。开学第一周家长给霖霖下了"死命令"：要积极表现不能被投诉，所以孩子才能勉强坚持一周，第二周就"暴露了真相"。

终于摸清原因的我开始了和霖霖的"斗智斗勇"。我开始在课堂上大力表扬他某些特别不起眼的学习习惯，比如书本摆放整齐、坐姿端正等，然后再给他提出一个他能做到的小要求，联合家长每天对他的进步给予足够的肯定和表扬。一周过后，霖霖变得越来越亲近我，于是我借此和他约法三章，奖惩结合，霖霖的一些小毛病慢慢地纠正了过来。因为不断得到老师们的肯定和鼓励，霖霖越来越喜欢上课，喜欢在课堂上积极举手参与问答，自信地将自己的长处展现出来。他会主动给同学们力所能及的帮助，会主动和老师长辈们问好，慢慢成长为一个人见人爱的小男孩。霖霖的转变也让他的家长认识到了教育方式的重要性，家长开始反思自己的暴力教育不再适用于小孩的健康成长。当然，霖霖的成功转变也让我更坚信家校配合的重要性，孩子的成长不只是学校或者家庭单方面的责任，更多的是家校配合的成果。

我一直坚信没有差的学生，只有不当的教育方式，教师一定要学会热爱学生，这份热爱不应该仅仅是停留在口头的心灵鸡汤，而是能做到不随意给孩子下"差生"的定义，做到不随意放弃任何一个孩子，不为了提高自己的业务成绩用所谓的专业证据证明孩子先天身心发育不良。对学生的爱应该是时刻关注着每个孩子的成长，允许孩子犯错并帮助孩子克服。苏联教育家赞可夫曾说："漂亮的孩子人人都喜欢，而爱难看的孩子才是真正的爱。"老师对学生的爱应当是春风化雨、润物无声的，能诱发孩子的长处，净化学生的心灵。没有哪个孩子天生就是一块顽石，在他们内心深处都有一块最为柔软的地方，只有我们的真爱可以触摸到孩子这扇心灵的门户。霖霖的成长让我更加坚信自己的教育应当是让孩子能够在成长中为自己开出一朵花来，也是让自己在教育工作中增长智慧，为自己开一朵花，在平淡的教育生活中能拥有快乐点缀我的心情，在和孩子们的朝夕相处中发掘每个孩子独一无二的一面。

事难完美，爱可两全

宋秀梅

　　苏霍姆林斯基说："从我手里经过的学生成千上万，奇怪的是，留给我印象最深的并不是无可挑剔的模范生，而是别具特点、与众不同的孩子。"教育的这种反差效应告诉我们，每个学生都有"可塑性"。作为一名班主任，不能选取适合教育的学生，只能选取适合学生的教育。春风化雨、润物无声，用心寻找突破口，因材施教。老师关爱的言语与行动，能在不经意间与学生建立良好的师生关系，达到心灵的沟通，获得学生的信任，从而收到意想不到的教育效果。

　　那年我担任四年级的英语教学，并担任班主任工作。因为中途接班，所以开学前，我先向这个班的原班主任了解班情，向身边的同事打听，原来这个班的学生人数多、成绩较差，最主要的是班里有一位年级头号头疼人物"小周"，以前任教的老师已经被他弄得焦头烂额。听完原班主任和同事的介绍，我心中有些忐忑，但没有他法，学校已做安排，而且开学在即，想着船到桥头自然直，只有全身心地投入到工作当中去了。

　　班里的小周同学，很快吸引了我的注意。这个孩子上课基本听不进课，经常做小动作、说话，喜欢趁老师不注意，从教室后面爬到教室前面，然后再爬回去。一到考试就犯蒙，作文一个字不会写，语文考个位数。老师们一谈到这个孩子，不免眉头一皱，有点头疼。当时，我也感觉有些负担，这么一个没点自控能力，行为习惯和学习习惯都不好的孩子，是怎么一步步从一年级读到四年级的？

　　所谓"知己知彼，百战不殆"，我得好好了解这个孩子。我决定去他家家访，详细了解后，再想对策。那次家访，他没在家，出去玩了，只见到他妈妈。和他妈妈交流了一会儿，了解到，他爸爸是长途货车司机，常年在外，妈妈一个人上班外加带他，工作忙时基本没管孩子的日常和学习。而且妈妈也比较宠溺孩子，所以孩子没有养成他这个年龄该有的习惯，对家庭和妈妈的感情也不怎么深，这会儿估计还在什么地方打游戏。家访结束回家的路上，我内心久久不能平静。我不能只是哀其不幸，怒其不争，我要从行动上来影响他，带动他，温暖他。

回校后，我利用周一班会课的时间召开了一次"感恩父母"的主题班会，利用多媒体让学生观看生活中感人的父母：艰苦朴素的父母，辛勤忙碌的父母，为了儿女任劳任怨的父母等等。然后就这一话题，语重心长地讲述了我自己的父母把我从小养大，供我上学，直到我找到理想的工作，这一路，父母为我付出了太多太多。而待我长大，他们却头发白了，皱纹爬上了脸颊，背也驼了，身体已大不如前，但他们一谈到我，却很开心，因为我没有让他们失望，因为我一直都是一个努力上进的孩子，所以我内心非常感激我的父母，并一定会好好孝敬他们。班会结束后，让孩子写班会心得，写自己想跟父母说的心里话。小周写了，但只写了几个潦草的字，我有些失望，但这似乎也在预料之中，毕竟他平时作文一个字都不会写，现在至少写了几个字，也算有收获。

后来，我进行了第二次家访。这一次，小周在家。我去时他正在看电视，作业没写，妈妈正在厨房忙着做晚饭。他看到我进家门，有些不好意思，但很快地去洗了水果端来给我。有些出乎意料，大概这些日子相处以来，他感受到了我对他的用心吧。与他和他妈妈交流中，我没说一句负面的话，也没跟他妈妈告任何状，只是关心他在家的生活，学习环境，并鼓励他在生活和学习上有什么困惑都可以来找我。我虽不能保证，每次都能成功地答疑解惑，但我一定是一位很好的倾听者。他慢慢放下了心里的包袱，坦言其实平时父母的辛苦，他都知道。他也想做一位习惯好、成绩好的孩子，也想上进，只是不知从何开始，被否定得太多了，自己都觉得自己没救了，所以才会自暴自弃。

回校的路上，我心里有些激动，这孩子愿意跟我敞开心扉，说明他接纳了我，我找到了突破口。后来我给他调整了位置，让他跟班上的学习委员同桌。原因有二：一是巡视全班，发现他最忌惮的是学习委员，所谓一

187

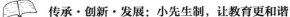

物降一物；二是学习委员成绩好，乐于助人，可当他师父，学习方面随时都能答疑解惑。同时，我定期找他谈心，逮着机会就表扬，助其树立自信心，培养他积极的、正面的以及与他人友好的情感。后来，逐渐有老师反映他进步了，同学们也说他上课认真听讲了，不再在地上爬了，期末考试时成绩也比之前有了很大进步。看着他脸上慢慢绽开的笑容，我满心欢喜。

叶圣陶先生曾说："千教万教教人求真，千学万学学做真人。"班主任工作中切记：引导学生先成人，再成才。人之为人，是为懂得感恩，勇于担当，懂得关爱。教育虽无痕，却有着惊人的力量；润物虽无声，但能"于无声处听惊雷"。作为一位普通的德育工作者，我愿用自己的言行鼓舞、引导孩子，关爱孩子，陪伴每个孩子积极、向阳成长。

"雷"不打也动

梁琼文

一、案例简介

　　第一天见到他，他就成了焦点。轮到他作自我介绍，只见一团白白的肉嚯地站起来："我叫雷家南（化名），大家都叫我'雷渣男'。"话音刚落，全班都笑成一团。我扶了扶眼镜，这孩子，搞事情。果然，接下来的一周，他就发挥出了"渣男"气质，频频走上班级黑名单。上课时，他的双手简直无处安放。不是忙着东画画西画画，就是趁着老师不注意给远处同学脸上或头上冷不丁扔一个小团子，搞得其他同学也上不好课。除此之外，他的嘴也没停过。只要逮到机会，他一定在课堂上发出怪异的声音，或者是台上老师说一句，他在台下跟一句，科任老师批评也不听，依旧我行我素。更有甚者，他还出口成"脏"，尤其对着告他状的班干部，简直是"脏语连珠"。找他来谈话，他承认错误，走出办公室又是一匹脱缰的野马。

二、初步诊断

　　雷家南活泼好动，缺乏自我控制能力，表面一套，实际一套。他喜欢在课堂上捣乱或者接话，说明他喜欢受到关注。他自尊心强，想融入集体，但是没有正确的方式。犯了错误，要是当着全班的面批评他，肯定会加强他的逆反心理。有时，他也想做好事，但是毛手毛脚，总做不好。另外，他喜欢画画，想象力丰富，一个英文字母也能在他笔下诞生几个小动物。通过综合分析，我认为雷家南只是调皮多动、口无遮拦，本质上不是个坏孩子。只要从他兴趣入手，给予他多一些展示优点的机会，一定会让他有所改变。为了更加全面帮助他，我决定更加细致地观察他，更加深入了解他，再对症下药，予以纠正。

三、咨询与治疗

为了有针对性地开展工作，我先利用课余时间与雷家南闲谈。例如，上下学路上，像朋友间聊天那样，了解他的兴趣爱好和心理状态；然后从他身边同学入手，了解他在原学校的表现及原老师和原同学的评价；最后开展家访，和他的父母交流，从侧面了解他的成长环境。

经过细致的认识和分析，可以发现原因主要有以下三点：

（一）家人疏忽

雷家南有个刚出生的弟弟，家里大人的注意力都在二胎身上，疏忽了对他的管教。雷家南选择戏谑同学、捣乱课堂，很大程度上是想博取眼球，刷存在感。但他自己都没有意识到这些方式换来了同学的反感和老师的恼怒，而众人的排斥和批评，又恰恰使他自尊心受挫，从而奋起反抗，屡犯屡错。

（二）缺少肯定

雷家南的世界都是否定，缺少肯定。在家里，做错事，爸爸妈妈批评他，爷爷奶奶冷落他。在学校，表现不好，同学们嘲笑他，老师数落他。他其实是孤单的。为了躲避爸爸妈妈打骂，为了逃避老师的投诉，他在老师面前态度真诚，连连认错。但是，走出办公室，同学们的排斥，或是自身的控制不住，他又开始故"案"重演。

（三）网络游戏的不良影响

雷家南沉迷玩手机游戏，例如王者荣耀这样的手游，会开放语音与其他玩家互动。在游戏的世界里，不良用语的现象十分普遍。他在这种游戏环境下，耳濡目染，跟着学到了大量的不良用语，有意无意地加入了自身的语言习惯中。

针对以上情况，我采取了以下措施：

第一步，肯定兴趣爱好，将爱好长处融合到学习之中。我找了个机会，对他说："你画画真厉害，说明你是个想象力很丰富的人。"听到我的夸奖，他的胸脯挺了挺。我接着说："这个单词，你能通过你的画将它记住吗？"他不假思索地点点头。第二天，我特地讲到这个单词，并提问了雷家南，他很自信地说了出来，我还顺势让他介绍了记忆方法，并说这种记忆单词的方法很特别，将会推广使用，同学们都向他投云羡慕的目光。下了课，我收到个纸条：老师，这是我第一次受到表扬。——家南。

第二步，捕捉闪光点，表扬予以肯定。为了更加强化雷家南的正面行为，我决定每一周都给他发一张小奖状，肯定他的优点。慢慢地，他登上好人好事榜的次数越来越多。

第三步，克服缺点，达成约定。雷家南喜欢动漫，我便与他约定好，如果他能坚持不说粗口一段时间，我便送给他喜欢的动漫人物绘本。虽然诱惑的力量是伟大的，但是他有时候还是控制不住。我便教他，每次要说粗口前，都先冷静5秒。很快效果就出来了，他得到绘本的次数越来越多。

第四步，联系家长，家应校合。每周我都会跟家长微信聊聊天，跟家长反馈孩子在校的进步。家长看到老师对孩子如此关注，心存感激，同时也对孩子的教育有了信心。他们答应我会多跟孩子交流，多一些陪伴，了解孩子的心理诉求。还记得家访的时候，我非但不告状，还将孩子点滴进步加油添醋地表扬了一番，家长的脸上容光焕发，不停鼓励家南要听老师的话，一定会有更大的进步。家访结束后，家南坚持送我下楼，他很认真地问我，"老师，我真有你说得那么好吗？"我搂着他的肩，说："当然啦！其实你很聪明，尊重老师，也很想为班集体服务，只要你上课更加认真，下课控制好自己的情绪，你一定会有飞跃进步。你能做到吗？"孩子很激动，说："我努力做到！"

四、治疗效果

在反复抓，抓反复的治疗下，我欣喜地看到，雷家南的转变巨大。他不再朝着同学身上扔纸球，相反，他还主动为班级倒垃圾；他不再是每节课老师必投诉的讨厌鬼，有时还会帮老师拿教具。为了继续鼓励他，我让他担任垃圾回收站的站长，他与其他班干部密切配合，尽职尽责，收获了大家的信任。他在大家的夸赞下找到了自身价值，更加自信了，也逐步收敛自己的放纵个性，学着自制。慢慢地，他的各科成绩也有了一定提高。他的家长高度配合老师的工作，会在周末参加亲子活动，和雷家南的关系从缓和到融洽。看到主动帮家人打扫的孩子，家长很感动，给我发消息说："孩子长大了，懂事了。谢谢老师！"就这样，家南的名字渐渐在黑名单上消失了，被取代的是他登上好人好事的各项记录。

五、后　记

转眼两年过去了，我和雷家南的故事也在六年级末画上句号。毕业典礼那天，孩子对我说："老师，你送了我好多绘本，现在我也送你一本绘本。"我打开一看，是我和小雷的点点滴滴，我的眼眶湿润了……

六、教育启示

诚如人民教育家陶行知所说："你的教鞭下有瓦特，你的冷眼里有牛顿，你的讥笑中有爱迪生。"每个孩子都有闪光点，作为老师，我们要拥有一双发现美的眼睛，去挖掘他的优点，去发扬他的长处，去肯定他的合理做法。苏联教育家赞可夫曾说过："漂亮的孩子人人都喜欢，而爱难看的孩子才是真正的爱。"对于调皮捣蛋的学生，他的反常态一定是对于爱的诉求，此时，我们更应该满怀着爱，包容他的小毛病，倾听他的想法，了解他的背后故事。有爱才能唤醒沉睡的心灵，才能雕琢真善品质。为什么"雷"不打也动呢？那是因为爱呀！

附　录

数学家庭作业评价统计表

年级　　　班　　　姓名

序号	1	2	3	4	5	6	7	8	9	10	11	12	13	14	15	16	17	18	19	20
日／月																				
星期几																				
等级 1																				
等级 2																				
改正后A等组长签名																				

序号	1	2	3	4	5	6	7	8	9	10	11	12	13	第几单元	全A组长签名
日 ／ 月														第1单元	
														第2单元	
星期几														第3单元	
等级 1														第4单元	
等级 2														第5单元	
改正后A等组长签名														第6单元	
														第7单元	
														第8单元	

说明：每次家庭作业发回后，"A"等的由自己写在等级1的后面，不签名；其他等级的先由自己写在等级2的后面，改正后再给学习组长批改评定，如果达到"A"等的，由学习组长把"A"字写在等级1的后面，并签上组长的姓名。（此表由王栋昌老师原创）

我的目标分

期末临近，我近期目标是期末考出理想成绩。

语文：　　数学：　　英语：

我的竞争对手是：　　我的师傅（徒弟）是：

请老师、家长、同学监督我，我一定努力学习，实现这个小目标，我保证做到以下三点：

1.

2.

3.

家长签名：　　　　　承诺人：

＿＿＿＿＿＿＿年＿＿＿＿＿＿月＿＿＿＿＿＿日

我的目标分

期末临近，我近期目标是期末考出理想成绩。

语文：　　数学：　　英语：

我的竞争对手是：　　我的师傅（徒弟）是：

请老师、家长、同学监督我，我一定努力学习，实现这个小目标，我保证做到以下三点：

1.

2.

3.

家长签名：　　　　　承诺人：

＿＿＿＿＿＿＿年＿＿＿＿＿＿月＿＿＿＿＿＿日

_____学校_____班_____学生数学学习自评表

项目\星期	听课			作业书写			每日一问			每日计算		
	认真	比较认真	不认真	认真	比较认真	不认真	问3题	问1题	没问	认真完成	不认真	没做
星期一												
星期二												
星期三												
星期四												
星期五												
星期一												
星期二												
星期三												
星期四												
星期五												
星期一												
星期二												
星期三												
星期四												
星期五												
星期一												
星期二												
星期三												
星期四												
星期五												
星期一												
星期二												
星期三												
星期四												
星期五												

说明：刻苦学习是取得好成绩的唯一途径，希望同学们学会坚持、学会吃苦，才能赢得精彩人生。每天在自己认为做得好的格子中打"√"，选择第一项目，可以得到5分，选择第二项可以得3分，选择第三项目可以得0分，一周合计得到90分，可以到老师那里领取礼物。

后　记

　　岁月不居，时节如流，从教23载，常常因为思考一个问题而难于入睡而伏案写作，一直思考自己的教学主张是什么？自己该坚持点什么？直到前几年才确定自己的今后的教学研究方向，通过构建"小先生制"课堂教学范式，提高教学质量，构建和谐的生生关系、师生关系、亲子关系。教育学在一定意义上就是关系学，处理好教学中的师生关系、同事关系、家校关系、家庭关系，做教师可以说成功了一半。

　　确定自己研究方向之后，便是朝着这个道路走下去，阅读这方面的专业书籍、开展这方面的课题研究，写这方面的教学总结，近两年带了工作室成员及志同道合的同事开展研究，在研究中发现问题，不断解决问题，优化研究方法，构建更加和谐高效的课堂教学范式，为年轻教师快速发展搭建了平台，引领他们走科研发展的道路，提升教育教学的"附加值"，这两年申报一项省级课题、一项市级课题、一项区级课题，通过课题引导课堂教学改革，及时总结经验，共享成果。

　　该书在整理出版过程中得到工作室及课题组成员的大力支持，得到学校领导的肯定，经常加班得到家人的理解，在此一并表示感谢！

　　由于水平有限，如果不妥之处，请各读者批评指正！

丘燕飞2020年10月11日晚写于鹏城陋室